설중환 교수와 함께 배우는

한자성어 ②

설중환 교수와 함께 배우는

한자성어 2

설중환 지음

알앤비
RJNBJ

머리말

이 책은 『한자성어』의 두 번째 책이다. 이 책들은 일정한 순서가 있는 게 아니라서 아무거나 먼저 공부해도 문제가 없다.

첫째 권에서 이야기했듯이, 지금 우리나라 사람들 대부분은 언어적인 측면에서 보자면, 눈 뜬 당달봉사라고 할 수 있다. 왜냐하면 우리말은 분명히 한자어가 거의 80% 이상을 차지하고 있는데도, 한글전용정책 때문에 일상생활에서 한자어를 사용하고 있으면서도 한자를 정식으로 배우지 않았기 때문이다. 그래서 말을 하고 있으면서도 자기가 무슨 말을 하고 있는지, 말을 듣고 있으면서도 자기가 무슨 말을 듣고 있는지 정확히 잘 모르고 있다는 말이다.

예를 들면, 학원(學院)이란 어떤 곳인지 한번 말해 보자. 한자를 배운 사람이라면, 배울 학(學) 집 원(院)이라 '배우는 집'이라고 정확히 말할 수 있다. 그러나 한자를 배우지 않는 사람은 학원의 뜻을 어렴풋이 알면서도 정확하고 간단하게 말하기 쉽지 않다. 또 상품을 홍보한다 할 때, 홍보(弘報)란 무슨 뜻일까? 넓을 홍(弘), 알릴 보(報)를 알면, 홍보란 '널리 알리는 것'이 된다.

이렇듯 한자 훈을 알면 수많은 우리말의 뜻을 정확하게 이해하고 사용할 수 있다. 1,000여 자의 훈만 외워도 어지간한 우리말을 쓰는 데는 큰 지장이 없을 것이다. 영어 공부의 몇 십분의 일만 투자해도 일생동안 편리하게 써먹을 수 있는 것이 한자다.

주변의 학부모들과 이야기를 해보면, 대부분의 학부모들은 한자 교육을 시켜야 한다고 한다. 그리고 일부는 집에서 가르치고 있다고 했다. 동양 삼국 즉 한국·중국·일본은 수천 년 동안 한자를 사용해 왔다는 점에 이의를 달 사람은 없을 것이다. 우리 조상들 역시 한자를 사용해 왔다. 그리고 지금도 중국이나 일본은 한자를 사용하고 있다.

문화란 강물처럼 끊임없이 흘러간다. 그런데 우리는 수천 년간 써 내려온 한자를 중국 것이라 하여 가르치지 않고 사용하지 않는다면, 이는 우리 문화의 유구한 흐름을 끊어버리는 행위라 하지 않을 수 없다. 당달봉사 문화인 것이다. 한자는 중국 것이 아니라 아시아 공통의 문화유산이다. 그래서 우리도 한자를 무조건 배척할 것이 아니나 계승해야 하는 것이다.

한자를 배우면 어떤 점이 좋을까? 좋은 점을 이루 다 말할 수 없지만 가장 주요한 몇 가지만 이야기해 보기로 한다.

첫째 어휘력이 풍부해진다. 옛날 한자 교육을 받은 한자 세대의 어휘 수가 3만 정도였다고 하는데, 지금 한글세대는 7,000 단어 정도밖에 모른다고 한다. 사분의 일로 어휘력이 준 것이다.

어휘력이 왜 중요한가 하면, 어휘력이 풍부해야 상상력이 풍부해지기 때문이다. 사람은 언어로 생각하기 때문이다. 앞으로 4차 혁명 시대에는 무엇보다 상상력이 중요하다고 하는데, 이럴 때일수록 한자를 공부해야 하지 않을까.

둘째, 무엇보다 우리 전통문화를 이해하고 계승할 수 있다. 지금 도서관에 있는 책들 중에 한문 서적은 말할 것도 없고 한자를 혼용한 많은 서적들이 한글세대가 읽을 수 없어 쓰레기처럼 무용지물이 되어가고 있다. 즉 1980년대 이전의 서적들은 대부분 서고에서 잠자고 있는 것이다. 한자를 읽을 수 없어 그 책들 속에 들어있는 소중한 정보들이 죽어가고 있는 것이다. 정말 안타까운 일이 아닐 수 없다.

셋째, 한자를 알면 이웃 나라인 중국어나 일본어를 배우기가 쉽다. 국제화 시대에 세계의 언어, 특히 이웃 나라의 언어를 아는 것이 필요할 것임은 더 이야기하지 않아도 알 것이다.

이런 점에서 뜻 있는 사람들은 무엇보다 먼저 한자를 공부해야 한다. 이 책에서는 자주 쓰이는 사자성어를 중심으로 해서 약 300자를 익히고, 그것과 관계되는 다른 단어를 함께 익힌다면 대략 1,000여 자의 한자를 익히게 된다. 특히 한자 훈을 완전히 외워서 자기 것으로 만드는 것이 중요하다, 두 권을 익힌다면 약 2,000여 자의 한자를 익히게 되므로, 일상생활에 큰 불편함이 없을 것이다. 그렇게 된다면 여러분들은 당달봉사가 아니라 눈 뜬 지식인으로 당당하게 살아가게 될 것이다.

2019. 7.

혜정 설중환 씀

차례

綠衣紅裳	丹脣皓齒	傾國之色
天生緣分	桃園結義	會者定離
他山之石	知彼知己	益者三友
進退兩難	優柔不斷	浩然之氣
百戰百勝	馬耳東風	衆寡不敵
愚公移山	切磋琢磨	畫龍點睛
表裏不同	羊頭狗肉	外華內貧
百年河清	始終如一	龍頭蛇尾
惑世誣民	朝三暮四	溫故知新
同病相憐	殺身成仁	泣斬馬謖

玉骨仙風　身言書判　千載一遇

去者必返　自乘自强　易地思之

伯仲之勢　右往左往　束手無策

破竹之勢　一瀉千里　背水之陣

以卵投石　狐假虎威　厚顏無恥

狡兔三窟　發憤忘食　人面獸心

面從腹背　自暴自棄　五里霧中

流言蜚語　曲學阿世　指鹿爲馬

武陵桃源　相扶相助　以心傳心

先憂後樂　三顧草廬　弘益人間

첫째 마당

아름다운 용모

사람은 우선 인상이 좋아야 한다. 인상은 관상과는 조금 다르다. 관상이 타고난 용모라서 어쩔 수 없다면, 인상은 스스로 가꾸기에 따라 달라질 수 있다. 즉 인상은 그 사람에게서 풍겨나는 어떤 기운 같은 것이라고 할 수 있다.

상대에게 좋은 인상을 심어주기 위해서는 우선 용모가 깨끗하고 단정해야 한다. 아름다운 용모를 위해서라면 우선 '옷이 날개다'라는 말처럼 먼저 옷을 단정하게 입어야 한다. 특히 우리는 우리 한복의 아름다움을 알고 한복을 즐겨 입으면 더욱 좋을 것이다.　　　　　　　　　　　　 - 녹의홍상(綠衣紅裳)

요즘 사람들은 남들에게 잘 보이기 위해서 화장도 한다. 화장도 좋지만 먼저 기본적으로 건강미가 있어야 한다. 건강미는 그 사람의 피부에 잘 나타난다. 사실 피부가 좋아야 화장도 잘 받는다. 그래서 평소에 골고루 잘 먹고 운동도 게을리하지 않는다면 건강한 모습을 가질 수 있다.

예로부터 여성들은 붉은 입술과 하얀 치아를 아름다움의 척도로 생각했다. 왜냐하면 남녀 간에 붉은 입술과 하얀 치아는 건강의 상징이기 때문이다. 입술은 그 사람의 혈색을 나타내고, 치아가 튼튼해야 음식을 잘 씹어 먹을 수 있기 때문일 것이다.　　　　　　　　　　　　 - 단순호치(丹脣皓齒)

특히 여성들은 아름다움을 추구한다. 여성이 아름다움을 추구하는 본능이 있는 건지, 아니면 남자들이 아름다운 여성을 좋아해서 그런지는 나는 잘 모르겠다. 세상에서 가장 아름다운 여성을 무어라고 부르면 좋을까? 아마 경국지색이 아닐까 한다. 한 나라의 임금도 여자에게 마음이 빼앗겨서 나라를 망칠 정도로 미모가 뛰어난 여자, 그런 여자를 모든 여성이 꿈꿀지 모른다.　　　　　　　　　　　　 - 경국지색(傾國之色)

흔히 여성을 달에 비유한다면 남성은 태양에 비유한다. 남자는 태양처럼 체

격도 건강해야지만, 겉으로 풍기는 풍모도 하늘의 태양처럼 세속적인 모습에서 떠나 신선처럼 우아하고 자연스러운 품격이 드러난다면 더욱 좋을 것이다.
- 옥골선풍(玉骨仙風)

이처럼 외면적인 아름다움도 중요하지만, 나아가서는 남녀간에 그 내면적인 아름다움을 가꾸어야 한다. 왜냐하면 결국은 내면의 아름다움이 밖으로 나타나 그 사람의 품격을 높여주기 때문이다.

내면을 가꾸기 위해서는 다음과 같은 것들을 평소에 잘 실천하여야 할 것이다.

첫째, 아름다운 용모와 품성을 길러야 한다.

둘째, 자기의 생각을 말로 조리 있게 표현할 줄 알아야 한다.

셋째, 자기의 생각을 글로 제대로 나타낼 줄 알아야 한다. 물론 글씨까지 아름답다면 더욱 좋을 것이다.

넷째, 그러기 위해서는 모든 사물이나 일을 올바르게 판단할 수 있는 판단력을 길러야 한다.
-신언서판(身言書判)

큰 그릇이 만들어지기까지에는 많은 시간이 걸리듯이, 우리의 이런 목표도 하루아침에 이루어지지는 않을 것이다. 조급해하지 말고 하루하루 꾸준히 노력하다 보면 언젠가 나의 이런 이상적인 모습이 이루어질 것이다.

그날을 위하여!

1. 한자 뿌리로 해석하기

綠 1	衣 2	紅 3	裳 4	초록빛(綠) 윗옷(衣)과
초록빛 록	옷 의	붉을 홍	치마 상	붉은 색(紅) 치마(裳)

초록 색 윗도리와 붉은 색 치마.

2. 유래

　녹의홍상(綠衣紅裳)은 조선시대 여인들이 혼례를 할 때 입던 옷으로, 연두색 저고리와 붉은색 치마를 말한다. 요즘은 웨딩드레스를 입고 결혼식을 올리지만, 결혼식이 끝난 뒤에는 신부가 녹의홍상으로 갈아입고 양가 집 어른들께 인사를 드린 후에 폐백을 올리는 게 보통이다. 이 옷을 입을 때는 치마 속에 청색 치마를 겹쳐 입고, 저고리 위에는 원삼을 덧입기도 했다. 민간에서는 녹의홍상에 족두리를 쓰고 한 삼을 착용하여 혼례복을 대신하는 경우도 많았다.

　조선 시대에는 옷을 입을 때도 이처럼 예를 갖추었는데, 시집가지 않은 처녀들은 다홍치마에 노랑 저고리 또는 색동저고리를 입었다. 여자가 시집을 가면, 시집갈 때 입은 녹의홍상을 첫 아이를 낳을 때까지 입었다. 시집갈 때 입은 이 녹의홍상은 여인이 죽었을 때 관에 함께 넣어주는데, 이는 평생 한 남편만을 섬기는 데 대한 감사의 표시가 담겨 있다고 한다.

　그러나 여자가 아이를 출산한 이후에는 본격적으로 부인복을 입게 되는데 가장 널리 입는 색상이 남색치마에 노랑저고리, 혹은 남색치마에 옥색 저고리이다. 이처럼 우리 옷에는 색상 하나하나에도 다양한 의미가 담겨 있다. 예를 들어 목둘레 부분의 자주색 깃은 부모가 살아 계신다는 뜻을 나타내고 자주색 고름은 남편이 살아있음을 의미한다. 저고리 소매 부분을 끝동이라고 하는데, 남색 끝동은 아들을 둔 사람을 나타낸다.

이처럼 우리 조상들은 옷의 색감 하나하나에도 많은 뜻과 의미를 담아 집안의 화목과 부귀를 기원하고 여성과 남성의 아름다움을 나타내곤 하였다.

3. 한자 뜯어보기

綠 초록빛 록

가는 실 사(糸)가 뜻을 나타내고, 나무 깎을 록(彔)이 소리를 나타내는 글자로 형성되었다. 이는 파란색과 노란색 실(糸)을 섞어 만든 초록색의 비단을 가리키는데, 뒤에 '초록색'을 나타내는 말로 쓰였다.

※ 녹음(綠陰) : 초록빛 록(綠) 응달 음(陰)으로, 푸른 잎이 우거진 나무나 수풀. 또는 그 나무의 그늘.

예 여름이 되니, 온 산들이 綠陰으로 덮여 있다.

※ 초록(草綠) : 풀 초(草) 초록빛 록(綠)으로, 파랑과 노랑의 가운데 색,

예 들판이 온통 草綠으로 물들었다.

衣 옷 의

윗옷의 모양을 그린 문자이다. 그래서 의(衣)는 치마에 대칭되는 '윗옷'이 원뜻이며, 여기서 '옷감, 의복' 등의 뜻이 나왔다.

※ 의복(衣服) : 옷 의(衣) 옷 복(服)으로, 옷.

예 사람은 단정하고 깨끗한 衣服을 입어야 한다.

※ 탈의(脫衣) : 벗을 탈(脫) 옷 의(衣)로, 옷을 벗음.

예 脫衣실에서 옷을 갈아입고 운동장으로 나갔다.

紅 붉을 홍

실 사(糸)와 장인 공(工)이 합해진 글자이다. 본래 붉은 색의 면직물을 말했는데, 여기서 분홍색과 선홍색 등 '붉은 색'을 지칭하게 되었다.

※ 홍안(紅顔) : 붉을 홍(紅) 얼굴 안(顔)으로, 붉은 얼굴이라는 뜻으로, 젊
어서 혈색이 좋은 얼굴을 이르는 말.
  예 학교 교정에는 紅顔의 미소년들로 활기가 넘친다.
※ 주홍(朱紅) : 붉을 주(朱) 붉을 홍(紅)으로, 붉은빛을 띤 주황색.
  예 『朱紅글씨』라는 소설을 재미있게 읽었다.

裳 치마 상

오히려 상(尙)에서 음을 취하고, 옷 의(衣)에서 뜻을 취한 형성자로, 곧
'하의, 치마'를 뜻한다. 상(尙)자에는 귀하다, 높다는 뜻도 있으므로, 하체를
가리는 귀한 옷이라는 뜻이다.

※ 의상(衣裳) : 옷 의(衣) 치마 상(裳)으로, 윗옷과 치마. 겉에 입는 옷.
  예 그녀는 대학에서 衣裳을 전공했다.
※ 동가홍상(同價紅裳) : 같을 동(同) 값 가(價) 붉을 홍(紅) 치마 상(裳)으로,
같은 값이면 다홍치마. 같은 값이면 좋은 물건을 가짐.
  예 同價紅裳이라고, 이왕이면 저는 저것을 가지겠습니다.

4. 쓰임

* 누나가 결혼식 날 **녹의홍상(綠衣紅裳)**으로 옷을 갈아입으니 완전히 다른
  사람처럼 보였다.
* 한국은 결혼식 날 폐백을 드릴 때, 여자들은 **녹의홍상(綠衣紅裳)**으로 갈
  아입고 양가 어르신들에게 인사를 올린다.
* 광화문에 나가면 가끔 외국인 여성들이 **녹의홍상(綠衣紅裳)**의 차림을 한
  것을 볼 수 있다. 그들이 그 **녹의홍상(綠衣紅裳)**의 본래 의미를 알고 입
  는지 궁금하다.
* 한복은 아름답지만, 나는 그 중에서도 **녹의홍상(綠衣紅裳)**이 더욱 한국
  미가 우러나오는 것 같게 느껴진다.

5. '바를 정'자를 표시하며 한자 열 번씩 소리 내어 읽으며 외우기

綠	衣	紅	裳
초록빛 록	옷 의	붉을 홍	치마 상
正正	正正	正正	正正

6. 한자 따라 쓰며 익히기

14획	부수 糸	㇊ ㇜ ㇜ 幺 幺 糸 紓 紓 綠 綠 綠 綠 綠 綠
綠	綠	
초록빛 록		
6획	부수 衣	㇀ 一 ナ 宀 衣 衣
衣	衣	
옷 의		
9획	부수 糸	㇊ ㇜ ㇜ 幺 幺 糸 紅 紅 紅
紅	紅	
붉을 홍		
14획	부수 衣	㇀ ㇀ 业 业 业 业 쌍 쌍 쌍 堂 堂 堂 常 裳
裳	裳	
치마 상		

첫째 마당 ② 단순호치 丹脣皓齒

1. 한자 뿌리로 해석하기

丹 1	脣 2	皓 3	齒 4	붉은(丹) 입술(脣)과
붉을 단	입술 순	흴 호	이 치	하얀(皓) 이(齒).

'붉은 입술과 하얀 이'란 뜻으로, 여자의 아름다운 얼굴을 이르는 말.

2. 유래

단순호치라는 표현이 처음 쓰인 것은, 위(魏)나라 조식(曹植)의 「낙신부(洛神賦)」라는 시이다. 조식은 조조의 아들로 뛰어난 시인이다. 그는 임지로 돌아가던 중 황화의 지류인 낙천에서 그 강의 여신인 복비의 환영을 보고 그녀의 아름다움을 장편 시로 읊었다. 여기서는 단순호치가 나오는 부분만 감상해보기로 한다.

멀리서 보니 아침노을 위로 떠오르는 태양과 같고,
가까이서 보니 녹색 물결 위로 피어난 연꽃과 같네.

섬세한 모습과 아담한 키가 모두 알맞고 적합하니,
어깨는 일부러 조각한 듯하고 허리는 흰 비단으로 묶은 듯하구나.

기다란 목덜미에 저절로 드러난 흰 살결은
향수도 분도 바르지 아니하였구나.

구름같은 머리를 높이 틀어 올리고 눈썹은 가늘고 길게 흐르며
붉은 입술(丹脣)은 빛나고 백옥 같은 이(皓齒)는 입술 사이에서 곱구나.

맑은 눈웃음과 아름다운 보조개가 마음을 끄니,
그 맵시가 곱고 거동이 고요하여 윤기가 흐르네.

여기에서 유래하여, 이후 단순호치(丹脣皓齒)라는 표현이 널리 쓰이게 되었다. 붉은 입술은 건강의 바로미터라 할 수 있다. 왜냐하면 입술은 다른 신체 부위와 달리 특히 계절 변화에 민감하기 때문이다. 입술은 땀샘과 피지선이 없고 각질층이 얇고 부드러워 다른 피부에 비해 각질이 쉽게 일어나고 거칠어진다. 그래서 춥고 건조한 날씨가 계속 되면 입술이 갈라져 피가 나고 입술 속이 벗겨지기도 한다. 이를 '구순염'이라고 하는데, 낮은 기온에 신체 면역력이 떨어진 상태에서 피부가 경직되고 신진대사와 혈액 순환이 잘 안되면 발생한다. 그래서 입술이 희거나 푸르지 않고 붉게 보이면 건강한 것이다.

또한 은근한 미소 속에 비치는 하얀 이는 아름다움의 상징이면서 동시에 건강의 상징이기도 하다. 그래서 치아 미백을 위해 여러 방법들이 동원된다. 하지만 하얀 이를 만들기 위해 가장 좋은 방법은 평소 치아를 잘 관리하는 것이다. 이가 희게 보이면 상대방에게 좋은 인상을 줄 뿐 아니라, 음식을 잘 씹어 먹을 수 있으므로 건강의 기본이 된다 하겠다.

이렇듯 붉은 입술과 하얀 이는 건강의 상징이다. 결국 미인이란 건강한 여인을 가리킨다고 할 수 있다. 건강미가 미 중에는 최고의 미인 것을 말하는 것이다. 그러면 구체적으로 어떤 사람이 미인일까?

미인의 조건은 시대에 따라 지역에 따라 다르다. 동아시아에서는 예로부터 가느다란 눈을 미인의 첫째 조건으로 보았고, 또한 귀, 코, 입이 크지 않아야 미인으로 보았다. 그리고 이 이목구비가 균형 있게 조화를 이룬 것을 선호한 듯 보이는데, 이는 옛날 동양의 미인도를 살펴보면 공통적으로 나타나는 특징들이다.

옛날 중국에서는 옥과 같은 손가락과 하얀 팔, 가느다란 허리와 흰 피부, 전족을 한 작은 발, 백분과 연지로 화장한 얼굴, 진한 향기, 검고 긴 머리카락, 구름처럼 틀어 올린 머리, 누에나방처럼 짙고 푸른 눈썹, 윤기 흐르는 눈에 맑은 눈동자, 붉은 입술과 흰 치아를 갖추어야 미인으로 여겼다.

그러나 시대나 황제의 취향에 따라 양귀비처럼 풍만한 유형이 유행하기도 했으나, 오늘날에는 중국에서도 마르고 가늘고 늘씬한 체형을 으뜸으로 친다. 이목구비의 경우 화려하고 시원시원한 인상을 크게 선호한다. 턱이 갸름하고 얼굴 폭이 좁은 역삼각형 걸울형이 정석으로 여겨진다.

옛날 일본에서는 새하얀 피부, 이마 높이 그린 눈썹, 작고 붉은 입술, 작고 아담한 몸매, 둥근 얼굴, 가로로 길게 째진 외꺼풀 눈, 검고 긴 머리카락이 미인의 기준이었다. 그러나 오늘날 일본에서 제일 쳐주는 미인은 귀여운 인상을 가진 여인이다.

조선시대 선비들은 어떤 여인을 미인으로 생각했을까? 이들은 구색(九色)을 갖추어야 미인이라 여겼다. 구색이란 첫째 피부와 치아와 손이 희고, 둘째 눈, 머리카락, 눈썹이 검고, 셋째 입술, 뺨, 손톱이 붉고, 넷째 귀, 치아, 턱이 아담하고, 다섯째 가슴, 이마, 미간이 적당히 넓고, 여섯째 손가락, 허리, 발이 보드랍고 가늘며, 일곱째 손바닥, 발목 콧구멍이 애처롭게 가늘고, 여덟째 입술, 팔, 엉덩이가 도톰하고, 아홉째 목, 머리카락, 손이 길어야 미인으로 여겼다. 미인이 되기 힘들다.

3. 한자 뜯어보기

丹 붉을 단

우물 정(井)자에 점(丶)이 더해진 모양의 그림이다. 여기서 우물은 광물을 캐내는 광산을 뜻하고, 가운데 점은 그곳에서 캐어 낸 광석이다. 이 광석이 붉은색을 내는 단사(丹砂)이므로, 여기서 '붉다'라는 뜻이 나왔다.

※ 단전(丹田) : 붉을 단(丹) 밭 전(田)으로, 배꼽 아래 한 치 다섯 푼(4.53센티미터) 되는 곳. 도가에서는 이곳을 힘의 원천이라고 한다.
　　예 丹田으로 호흡하면 건강에 좋다고 한다.
※ 단장(丹粧) : 붉을 단(丹) 꾸밀 장(粧)으로, 아름답게 꾸밈.
　　예 요즘은 남자들도 丹粧하고 다닌다.

脣 입술 순

별 진(辰)과 고기 육(月)이 합해진 글자이다. 진(辰)은 움직일 진(震)과 같은 뜻이므로, 말할 때나 음식을 먹을 때 '입술'이 움직이므로 이런 글자가 만들어졌다.

※ 순음(脣音) : 입술 순(脣) 소리 음(音)으로, 두 입술 사이에서 나는 소리.
　예 ㅁ, ㅂ, ㅃ, ㅍ은 脣音에 해당한다.
※ 순망치한(脣亡齒寒) : 입술 순(脣) 망할 망(亡) 이 치(齒) 찰 한(寒)으로, 입술이 없어지면 이가 시림.
　예 부모와 자식 간은 脣亡齒寒의 관계라 할 수 있다. 부모가 잘못되면 자식들이 고생하는 것이 그렇다.

皓 흴 호

뜻을 나타내는 흰 백(白)과 음을 나타내는 고할 고(告 고→호)로 이루어진 글자이다. 흰 백(白)자는 태양을 나타내는 일(日)에 삐침 별(丿)자를 붙인 글자로, 태양빛이 내려쪼이는 것을 나타낸다. 태양빛이 희게 보이므로, 여기서 '희다'는 뜻이 나왔다.

※ 호치(皓齒) : 흴 호(皓) 이 치(齒)로, 희고 깨끗한 이.
　예 미인은 대개 皓齒를 가지고 있다.
※ 호호(皓皓) : 흴 호(皓)가 중복되어, 깨끗하고 흼, 빛나고 맑음.
　예 皓皓한 가을하늘이다.

齒 이 치

입 속에 있는 '이'의 모양을 그린 것인데, 여기에 음을 나타내는 멈출 지(止 지→치)가 합해진 글자이다. 이빨은 나이가 들면 많아지므로, '나이'의 뜻도 나타낸다.

※ 치석(齒石) : 이 치(齒) 돌 석(石)으로, 이에 음식물의 석회분이 쌓여 돌처럼 굳어진 물질.

예 이를 튼튼히 관리하기 위해서는 정기적으로 치과에 가서 齒石을 제거해야 한다.

※ 치아(齒牙) : 이 치(齒) 어금니 아(牙)로, 사람의 이를 점잖게 이르는 말.
  예 매일 齒牙를 잘 닦아야 한다.

4. 쓰임

* 그녀는 립스틱을 바르지 않아도 입술이 붉고, 이빨 또한 희디희다. 그래서 그녀야말로 **단순호치(丹脣皓齒)**의 대명사라 할 만하다.

* 남자들이 **단순호치(丹脣皓齒)**의 여인들을 미인으로 생각하기에 여자들이 립스틱을 바르는 것일까?

* 화장품 회사에서 **단순호치(丹脣皓齒)**라는 립스틱을 만들어 팔면 대박이 나지 않을까?

* **단순호치(丹脣皓齒)**라! 입술은 립스틱으로 어떻게 좀 붉게 할 수 있지만, 이빨을 희게 할 방법이 잘 없으니 나는 미인이 되기에는 글렀나!

* **단순호치(丹脣皓齒)**는 사실 건강한 여자의 모습이다. 그렇다면 건강한 여자가 바로 아름다운 여자가 아닐까.

내 입술이 빨갛고 이가 희게 보이니?

너 미인이냐고?

5. '바를 정'자를 표시하며 한자 열 번씩 소리 내어 읽으며 외우기

丹	脣	皓	齒
붉을 단	입술 순	흴 호	이 치
正正	正正	正正	正正

6. 한자 따라 쓰며 익히기

4획	부수 丶	丿 刀 刀 丹		
丹　丹				
붉을 단				
11획	부수 肉	一 厂 厂 尸 尸 层 辰 辰 脣 脣 脣		
脣　脣				
입술 순				
12획	부수 白	丿 亻 亣 亣 白 白 皀 皍 皓 皓 皓 皓		
皓　皓				
흴 호				
15획	부수 齒	丨 丄 止 止 步 步 歩 歩 齒 齿 齿 齿 齿 齒 齒		
齒　齒				
이 치				

1. 한자 뿌리로 해석하기

傾 2	國 1	之 3	色 4	나라(國)를
기울 경	나라 국	어조사 지	빛 색	기울일(傾) 정도의(之) 아름다운 여자(色)

'나라의 운명을 기울일 만큼 아름다운 여자'라는 뜻으로, 미모가 뛰어난 여자. 아름다운 미모로 임금을 유혹해서 나라를 위태롭게 할 수 있는 여자라는 말이다.

2. 유래

한나라 무제 때 춤을 잘 추는 가수 이연년이란 사람이 있었다. 그는 어느 날 황제 앞에서 그의 여동생을 자랑하기 위해서 춤을 추며 이렇게 노래를 불렀다.

북방에 아름다운 여인이 있는데,

세상에 그와 견줄 만한 사람이 하나도 없다네.

한 번 보면 성곽이 기울고,

두 번 보면 나라도 기운다네.

한무제는 이 노래가 이연년이 자기 누이동생을 빗대어 부른 노래임을 알고 그녀를 불러 보았다. 그녀는 이부인이었는데, 과연 천하일색에다 춤까지 잘 추어 단번에 무제의 마음을 사로잡았다.

이후 경국지색(傾國之色)은 절세의 미인을 가리키는 말로 쓰이게 되었다.

- 『한서』 「이부인전」

3. 한자 뜯어보기

傾 기울 경

사람 인(人)과 기울 경(頃)이 합쳐져서 형성된 글자이다. 이 기울 경(頃)은 숟가락 비(匕)와 머리 혈(頁)이 합쳐진 글자인데, 사람(亻, 人)이 숟가락(匕)으로 머리(頁)를 맞아 머리가 약간 기울어진 모습처럼 보인다. 이에서 사람의 머리가 '기울다, 바르지 않다'라는 뜻이 나왔다.

※ 경향(傾向) : 기울 경(傾) 향할 향(向)으로, 어떤 쪽으로 기울어짐.
　　예 사람들은 대개 유행을 따르는 傾向이 있어서, 새로운 유행이 생기면 금세 따라 한다.

※ 경청(傾聽) : 기울 경(傾) 들을 청(聽)으로, 귀를 기울여 들음.
　　예 우리는 교장 선생님의 말씀을 傾聽했다.

國 나라 국

에워쌀 위(囗) 안에 혹시 혹(或)이 들어 있다. 혹(或)자는 창 과(戈)와 나라 국(囗)으로 되어 있다. 창(戈)을 들고 나라(囗)를 지키는 모습이다. 혹시(或) 있을지도 모르는 만일의 사태에 대비하여 창(戈)과 같은 무기로 나라(囗)의 방어를 굳게 하는 것이 '나라'임을 말한다.

※ 국민(國民) : 나라 국(國) 백성 민(民)으로, 그 나라의 국적을 가진 백성.
　　예 공무원들은 다른 누군가의 이익이 아니라 오직 國民들을 위해서 일해야 한다.

※ 전국(全國) : 온전할 전(全) 나라 국(國)으로, 온 나라.
　　예 매년 全國 체육대회가 열린다.

之 어조사 지

여기서는 무엇 '의'라는 뜻의 관형격 조사로 쓰였다.

色 빛 색

㐀

갑골문에는 두 사람이 나란히 붙어 있는 모습이 그려져 있다. 이는 서로 좋아하는 모습을 나타내는 것으로 본다. 그러므로 색 (色)자에는 이성을 좋아할 때 나타나는 '얼굴빛' 등의 뜻이 나온다.

※ 색조(色調) : 빛 색(色) 고를 조(調)로, 색깔이 강하거나 약한 정도나 상태. 또는 짙거나 옅은 정도나 상태.

　　㊀ 요즘 젊은 여성들은 色調 화장을 좋아하는 것 같다.

※ 안색(顔色) : 얼굴 안(顔) 빛 색(色)으로, 얼굴에 나타나는 빛.

　　㊀ 그는 요즘 어디가 아픈지 顔色이 좋지 않다

4. 쓰임

* **경국지색(傾國之色)**이란 매우 아름다운 여성을 말한다. 임금을 유혹해서 나라를 위태롭게 할 정도라는데, 과연 그런 여자가 세상에 있을까?

* **경국지색(傾國之色)**의 용모를 지닌 여자를 만나서 결혼하는 게 내 꿈이다.

* 사람들이 우리 누나를 보고 그 모습이 **경국지색(傾國之色)**이라고 한다. 내가 봐도 그렇다.

* 여자들이 가꾸고 다듬는 것은 결국 **경국지색(傾國之色)**과 같은 미인이 되기 위한 것이 아닐까.

* **경국지색(傾國之色)**이라 하니, 한 나라의 지도자에게 나라보다 여자가 더 소중할 수 있을까?

5. 유의어

화용월태(花容月態) : 꽃 같은 얼굴에 달처럼 은은한 모습의 미인.

6. '바를 정' 자를 표시하며 한자 열 번씩 소리 내어 읽으며 외우기

傾	國	之	色
기울 경	나라 국	어조사 지	빛 색
正正	正正	正正	正正

7. 한자 따라 쓰며 익히기

13획	부수 人	ノ イ 仁 侎 竻 竻 伈 傾 傾 傾 傾 傾 傾		
傾 傾				
기울 경				
11획	부수 口	丨 冂 冂 冂 用 冋 冋 國 國 國 國		
國 國				
나라 국				
4획	부수 丿	丶 ㇀ 㝆 之		
之 之				
어조사 지				
6획	부수 色	ノ ク ク 免 多 色		
色 色				
빛 색				

첫째 마당 ④ 옥골선풍 玉骨仙風

1. 한자 뿌리로 해석하기

玉 1	骨 2	仙 3	風 4	구슬(玉) 같은 체격(骨)과
구슬 옥	뼈 골	신선 선	바람 풍	신선(仙) 같은 풍채(風)

살결이 옥같이 희고 고결하여 신선과 같은 풍채와 풍모를 이르는 말.

2. 도움말

옥골선풍(玉骨仙風)은 풍채가 뛰어난 사람을 가리킨다.

옥골(玉骨)의 옥은 아름답고 귀한 것을 나타내며 골은 뼈, 즉 골격을 말한다고 할 수 있다. 그러므로 옥골은 옥같이 곱고 귀한 살결과 골격을 가진 사람을 말한다.

그리고 선풍(仙風)은 신선과 같은 풍모를 말하는 것이다. 신선은 동양에서 인간이 도달할 수 있는 최고의 경지에 이른 이상적인 사람을 가리킨다. 즉 도를 닦아서 현실의 인간세계를 떠나 자연과 벗하며 산다는 상상 속의 인간이다. 신선은 세상의 모든 것을 뛰어넘은 사람이므로, 고통이나 질병도 없으며 영원히 죽지 않는다고 한다. 따라서 신선의 풍모는 인간이라면 누구나 한 번쯤 꿈꾸는 멋진 모습이 아닐 수 없다.

이처럼 옥골선풍은 뛰어난 몸매와 풍모를 갖춘 사람을 말한다. 그런데 일반적으로 이는 남성을 지칭하는 말로 사용되고 여성에게는 잘 사용하지 않는다. 이는 아마도 고대에는 여성이 남성처럼 몸이 건장한 것을 바라지 않았기 때문일 것이다.

3. 한자 뜯어보기

玉 구슬 옥

구슬을 꿴 모양을 그린 문자인데, '옥' 구슬을 나타낸다.

※ 옥고(玉稿) : 옥돌 옥(玉) 원고 고(稿)로, 옥과 같이 귀한 원고. 남의 글을 높여서 부르는 말.

예 선생님이 보내주신 玉稿를 잘 받았습니다.

※ 주옥(珠玉) : 구슬 주(珠) 구슬 옥(玉)으로, 구슬과 옥을 통틀어 이르는 말.

예 그는 珠玉 같은 시를 많이 발표하였다.

骨 뼈 골

살을 발라낼 과(剮)의 생략형에 고기 육(月)을 더해, 살점이 붙어 있는 '뼈'를 나타낸다.

※ 골절(骨折) : 뼈 골(骨) 꺾을 절(折)로, 뼈가 부러짐.

예 겨울에는 길이 미끄러워 骨折 사고를 조심해야 한다.

※ 연골(軟骨) : 연할 연(軟) 뼈 골(骨)로, 굳기가 무른 뼈.

예 나이가 들면 軟骨이 잘 닳아진다.

仙 신선 선

사람 인(人)과 산 산(山)이 합해진 글자이다. 산에 사는 사람, 즉 '신선'이다.

※ 선녀(仙女) : 신선 선(仙) 여자 여(女)로, 여자 신선.

예 그녀는 仙女처럼 아름답다.

※ 신선(神仙) : 귀신 신(神) 신선 선(仙)으로, 귀신이나 선인 같은 사람. 도를 닦아서 인간 세계를 벗어나 자연과 벗하며 산다는 상상의 인물. 세속적인 상식에 구애되지 않고, 고통이나 질병도 없으며 죽지 않는다고 한다.

예 그에게는 神仙과 같은 냄새가 난다.

風 바람 풍

본래 갑골문에서는 봉황새를 그렸으나, 나중에 지금처럼 글자 모양이 바뀌었다. 즉, 무릇 범(凡)과 벌레 충(虫)이 합해져서, 봉황새(虫)가 일으키는 '바람'을 뜻한다. 고대에는 바람이 일어나는 원리를 잘 몰랐기에 봉황새의 날갯짓이 바람을 일으킨다고 생각해서 이런 글자가 나왔다고 한다.

※ 풍문(風聞) : 바람 풍(風) 들을 문(聞)으로, 바람같이 떠도는 소문.
　예 나는 그 소식을 風聞으로 들었다.
※ 미풍(微風) : 작을 미(微) 바람 풍(風)으로, 약한 바람.
　예 태극기가 微風에 흔들린다.

4. 쓰임

* 어머니는 장래의 사윗감을 보고 또 보면서 **옥골선풍(玉骨仙風)** 같은 모습에 참으로 만족해했다.

* 그는 그냥 집에 있으면 볼품이 없는데 양복을 차려입고 나서면 모두 **옥골선풍(玉骨仙風)**이라고 입을 모았다. 옷이 날개라는 말이 빈말이 아닌 모양이다.

* 그는 자기 아들을 볼 때마다 이목구비가 빼어난 **옥골선풍(玉骨仙風)**이라고 생각하며 흐뭇해한다.

* 그는 생긴 것이 **옥골선풍(玉骨仙風)**이라, 길에 나서면 모든 사람의 시선을 끈다.

* 생긴 것이 아무리 **옥골선풍(玉骨仙風)**이라도 속에 든 것이 없으면 남들의 존경을 받지 못한다. 그래서 사람은 항상 외면보다는 내면을 잘 가꾸어야 한다.

5. '바를 정' 자를 표시하며 한자 열 번씩 소리 내어 읽으며 외우기

玉	骨	仙	風
구슬 옥	뼈 골	신선 선	바람 풍
正正	正正	正正	正正

6. 한자 따라 쓰며 익히기

5획	부수 玉	一 T F 玉 玉		
玉	玉			
구슬 옥				
10획	부수 骨	丶 冂 冂 冂 冎 骨 骨 骨 骨 骨		
骨	骨			
뼈 골				
5획	부수 亻	丿 亻 仁 仙 仙		
仙	仙			
신선 선				
9회	부수 風	丿 几 凡 凡 凤 凨 風 風 風		
風	風			
바람 풍				

1. 한자 뿌리로 해석하기

身 1	言 2	書 3	判 4	용모(身)와 말솜씨(言)와
몸 신	말씀 언	글 서	판단할 판	글솜씨(書)와 판단력(判).

　예전에 사람을 선택할 때 표준으로 삼던 네 가지 조건. 곧 '용모, 말솜씨, 문장력, 판단력 등'이다.

2. 유래

　중국 당나라 시대에 관리를 뽑을 때 사용하던 네 가지의 평가 기준을 말한다.

　첫째, 신(身)이란 겉으로 드러나는 사람의 풍채와 용모를 말한다. 인물이 가볍고 경망스럽지 않고 위엄이 있으며, 용모가 단정한가 아니한가를 따졌다.

　둘째, 언(言)이란 사람의 말솜씨를 말한다. 자기 생각을 말로 분명하고 조리 있게 표현할 줄 아는가 모르는가를 따졌다.

　셋째, 서(書)는 글솜씨를 말한다. 자기의 생각을 글로 잘 표현할 수 있는가 없는가를 따졌다.

　또한 글씨도 잘 써야 했다. 예로부터 글씨는 그 사람의 됨됨이를 말해 주는 것이라 하여 매우 중요시하였다.

　넷째, 판(判)이란 사물이나 사건을 이치에 맞게 판단하는 능력을 말한다. 즉 사물이나 사건을 이치에 맞게 정확히 판단하는지 아닌지를 따졌다.

　이상 네 가지를 신언서판(身言書判)이라 한다. 당나라에서는 이를 모두 갖춘 사람을 으뜸으로 취급하였다.

3. 한자 뜯어보기

身 몸 신

아이를 밴 여자의 모습을 그린 글자인데, 대개 '몸'의 뜻으로 쓰인다. 배 가운데의 점은 배 속에 있는 아이를 나타낸다.

※ 신체(身體) : 몸 신(身) 몸 체(體)로, 사람의 몸.
예 건강한 身體는 보기에도 좋다.
※ 출신(出身) : 날 출(出) 몸 신(身)으로, 몸이 태어난 곳, 출생할 당시에 속해 있던 사회적 신분이나 지역.
예 사람을 판단할 때, 出身을 따져서는 안 된다.

言 말씀 언

본래 입에 피리 같은 악기를 물고 소리를 내는 모양인데, 소리가 '말씀'이란 뜻으로 바뀌었다.

※ 언사(言辭) : 말씀 언(言) 말씀 사(辭)로, 말이나 말씨.
예 사람은 늘 言辭가 부드러워야 한다.
※ 격언(格言) : 격식 격(格) 말씀 언(言)으로, 바른말로 인생에 교훈이 되는 말.
예 옛날부터 내려오는 格言에 좋은 말들이 많다.

書 글 서

붓 율(聿)과 말할 왈(曰)이 합해서 형성된 글자이다. 위에는 손으로 붓을 든 모습이고, 아래는 입이다. 아래 입을 벼루로 보기도 한다. 붓(聿)으로 전해져 내려오던 것을 옮겨 쓴다(曰)는 데서 '글, 책' 등의 뜻이 나왔다.

※ 단서(但書) : 다만 단(但) 글 서(書)로, 본문 다음에 덧붙여 본문에 대한 조건이나 예외를 나타내는 글.
예 조약에는 대개 但書가 붙어 있다.

判 판단할 판

반 반(半)과 칼 도(刀, 刂)가 합해서 형성된 글자이다. 칼(刀)로 물건을 반(半)으로 자르듯, 모든 일의 옳고 그름을 분명히 가린다는 데서 '판단하다, 구별하다'의 뜻이 나왔다.

※ 판사(判事) : 판가름할 판(判) 일 사(事)로, 재판에 관한 일이나, 그런 일을 하는 사람.
　　예 재판정에서는 마지막으로 判事가 판결한다.
※ 결판(決判) : 결정할 결(決) 판가름 할 판(判)으로, 승부나 시비에 대한 최후 판정을 내림.
　　예 아무튼 이번 경기로 승부를 決判 짓자.

4. 쓰임

* 그녀는 자기 아들이 인물 좋고 말 잘하고 학식 많고 똑똑하고, 그야말로 **신언서판(身言書判)**을 두루 갖춘 일등신랑감이라고 자랑했다.

* 우리 형은 **신언서판(身言書判)**이 뚜렷하고 훤칠하게 잘생겨서 여자들에게 인기가 많다.

* 옛날부터 사람을 판단하는 기준으로 **신언서판(身言書判)**이란 것이 있는데, 그 사람은 말이 거칠고 판단력이 흐린 걸 보니 제대로 된 사람이 아닌 것 같다.

* 그는 **신언서판(身言書判)**, 어느 한 가지도 빠진 것이 없는 완벽한 인물이라는 평을 듣는다. 그러나 내가 보기에는 너무 완벽해서 오히려 매력이 없어 보인다.

* 나에게 **신언서판(身言書判)**에서 모자라는 것이 무엇인가? 이를 찾아서 보완해야겠다.

5. '바를 정' 자를 표시하며 한자 열 번씩 소리 내어 읽으며 외우기

身	言	書	判
몸 신	말씀 언	글 서	판단할 판
正正	正正	正正	正正

6. 한자 따라 쓰며 익히기

7획	부수 身	´ ′ ′ ′ ′ ′ 身 身		
身	身			
몸 신				
7획	부수 言	` 一 一 一 一 言 言		
言	言			
말씀 언				
10획	부수 日	ㄱ ㄱ ㄹ ㄹ 聿 聿 畫 書 書 書		
書	書			
글 서				
7획	부수 刀	` ′ ′ ′ ′ ′ 判		
判	判			
판단할 판				

둘째 마당

만나고 헤어지는 일

사람의 일이란 결국 사람을 만나는 것이다. 그래서 사람이 태어나서 죽을 때까지 하는 일 중에 가장 많은 것이 사람을 만나고 헤어지는 일일 것이다. 만나면 헤어지는 것이 세상의 이치이다. 그러므로 친구는 물론이고 태어날 때 처음 만난 부모님조차도 어느 날은 보내드려야 할 날이 오게 되는 것이다.

살다 보면 정말 천 년에 한 번 만날까 말까 하는 귀한 사람도 있기 마련이다. 그런 사람을 만나면 더불어 이야기하며 모르는 것들을 배워야 한다. 그러나 더불어 말할 만하지 않은데도 말을 한다면 쓸데없는 말이 되고 시간만 낭비하게 된다. 그래서 지혜로운 사람은 더불어 말할 만한 사람을 만나면 그런 기회를 잃지 않으려고 노력한다. 귀한 기회이기 때문이다. 그런 사람을 만날 수 있다면 얼마나 좋을까!　　　　　　　　　　　　 - 천재일우(千載一遇)

많은 사람들을 만나고 헤어지지만, 그중에 가장 귀중한 사람은 누구일까? 아마도 평생 고락을 함께 할 부부가 아닐까. 내 짝이 누구일까? 하고 많은 사람 중에서 찾아보지만 그게 쉬운 일이 아니다. 자기의 짝을 만나는 일은 정말 어려운 일이다. 그래서 어떤 사람은 잘못 만나 중간에 헤어지기도 하고, 또 어떤 사람은 평생 그런 사람을 만나지 못해 독신으로 살아가기도 한다.

나의 진정한 짝은 하늘이 내려주시는 것이 아닐까.　 - 천생연분(天生緣分)

자기 짝 이외에 가장 소중한 사람은 아마도 친구들일 것이다. 좋은 친구를 가진 사람은 행복하다. 친구 사이에 가장 소중한 요소는 '믿음'와 '사랑'이다. 서로 믿고 사랑할 수 있는 사람이 친구다. 그런 친구를 사귀기 위해서는 내가 먼저 그런 믿고 사랑받을 수 있는 좋은 사람이 되어야 한다. 유유상종이기 때문이다.

유비와 장비와 관우같이 친형제보다 더 믿음직하고 사랑스런 친구가 있다면 얼마나 행복할까.

                                           - 도원결의(桃園結義)

낮이 가면 밤이 오듯이, 사람은 만나면 언젠가 헤어지게 되어있다. 헤어지기 싫으면 처음부터 만나지 말아야 한다. 이것이 진리이기 때문이다.

만난 사람은 헤어진다. 그러므로 있을 때 잘해 주어야 하지 않을까.

                                           - 회자정리(會者定離)

낮이 가면 밤이 오고, 밤이 가면 또 낮이 온다. 그러므로 만난 사람도 언젠가 헤어질 수 있듯이, 헤어진 사람도 언젠가 다시 만날 수 있을 것이다. 떠나간 사람은 언젠가 반드시 돌아온다. 이런 마음을 가진다면 헤어지게 되더라도 조금은 덜 슬플 것이다.

                                           - 거자필반(去者必返)

곧 사는 것이란 사람들과 만나고 헤어지는 일이다. 좋은 사람을 만나면 좋은 일이 생길 것이고, 나쁜 사람을 만나면 나쁜 일이 생길 것이다. 그러므로 늘 좋은 사람을 만나고, 그런 사람과 믿음과 사랑을 주고받아야 할 것이다.

좋은 만남을 위하여!

1. 한자 뿌리로 해석하기

千 ₁	載 ₂	一 ₃	遇 ₄	천(千) 년(載)에 한 번(一) 만남(遇)
일천 천	실을 재	한 일	만날 우	

'천 년에 한 번 만난다'는 뜻으로, 좀처럼 얻기 어려운 좋은 기회를 이르는 말이다.

2. 유래

중국 동진의 원굉은 위나라의 순문약을 찬양하는 글에서, 현명한 임금과 지혜로운 신하의 만남이 결코 쉽지 않다는 것을 비유하여 이렇게 쓰고 있다.

대저 만 년에 한 번의 기회는 이 세상에 통하는 법칙이며,

천 년에 한 번의 기회는 현명한 임금과 지혜로운 신하의 진귀한 만남이다.

여기의 말처럼 현명한 임금과 지혜로운 신하는 천 년에 한 번 만날까 말까 하는 귀하고 아름다운 일임을 말하고 있다.

이후 특별한 사건이나 특별한 사람과의 희귀한 만남을 가리키는 말로 '천재일우(千載一遇)'란 말이 사용되고 있다.

– 『문선』「삼국명신서찬」

3. 한자 뜯어보기

千 일천 천

천(千) 자는 사람의 수효를 나타내기 위해 만든 글자이다. 이 글자는 사람의 다리 부분에 획이 하나 그어져 있었다. 이것은 사람의 수가 '일천'이라는 뜻이다. 고대에는 이러한 방식으로 '천' 단위의 수를 표기했다. 둘이면 이천, 그럼 셋이면?

※ 천년(千年) : 일천 천(千) 해 년(年)으로, 천 년.
　　예 인간은 백 년도 못 살면서 마치 千年을 살 것처럼 계획한다.
※ 천부당(千不當) : 일천 천(千) 아닐 부(不) 마땅할 당(當)으로, 몹시 부당함.
　　예 그것을 자기 것이라 하는 것은 千不當 만부당(萬不當)한 일이다.

載 실을 재

뜻을 나타내는 수레 거(車) 자와 소리를 나타내는 어조사 재(哉)가 결합하여 형성된 글자이다. 이 글자는 본래 수레에 짐을 '싣는다'는 것이었으나, 뒤에 수레에 짐을 올리는 모습에서 '오르다, 올라타다'라는 뜻도 나왔다. 가끔은 '해, 년'의 뜻으로도 쓰인다.

※ 등재(登載) : 오를 등(登) 실을 재(載)로, 책이나 잡지 등에 글이 실림.
　　예 내 소설이 이번 「현대문학」 잡지에 登載되었다.
※ 적재(積載) : 쌓을 적(積) 실을 재(載)로, 자동차나 배 등에 짐을 실음.
　　예 그 배는 커서 많은 물건을 積載할 수 있다.

一 한 일

갑골문에서 가로획(一)을 하나 그어, '하나'라는 개념을 나타낸다.

※ 일부(一部) : 한 일(一) 나눌 부(部)로, 전체 중에 한 부분.
　　예 나는 월급의 一部를 매월 저축하고 있다.
※ 일정(一定) : 한 일(一) 정할 정(定)으로, 하나로 정해진 기준.
　　예 그는 一定한 기준을 가지고 시험 성적을 채점한다.

遇 만날 우

뜻을 나타내는 쉬엄쉬엄 갈 착(辶)과 소리를 나타내는 긴꼬리원숭이 우(禺)가 합해서 형성된 글자이다. 이는 천천히 길을 가다가 우연히 '만나다, 조우하다'의 뜻이다.

※ 대우(待遇) : 기다릴 대(待) 만날 우(遇)로, 신분에 맞게 대접함.
　예 그 회사는 사원들에게 좋은 待遇를 해준다고 소문이 났다.
※ 불우(不遇) : 아니 불(不) 만날 우(遇)로, 살림이나 처지가 딱하고 어려움.
　예 그는 不遇 이웃 돕기에 적극적이다.

4. 쓰임

* 지은아! 나는 **천재일우(千載一遇)**의 기회로 너를 만났다.

* 그런 **천재일우(千載一遇)**의 기회는 다시 찾아오기 어려울 것이다.

* 사람이 살다 보면 **천재일우(千載一遇)**의 기회로 귀한 사람을 만날 수 있다.

* 우리는 지금 우리나라에 주어진 **천재일우(千載一遇)**의 기회를 국운 융성의 계기로 삼아야 할 것이다.

* 사람들은 대개 자기에게 찾아온 **천재일우(千載一遇)**의 기회를 놓치고 난 뒤에야 분하고 억울해한다.

5. 유의어

천세일시(千歲一時) :「천 년에 한때」라는 뜻으로, 다시 맞이하기 어려운 아주 좋은 기회를 이르는 말.

천재일시(千載一時) : 천세일시(千歲一時)와 같은 말.

6. '바를 정' 자를 표시하며 한자 열 번씩 소리 내어 읽으며 외우기

千	載	一	遇
일천 천	실을 재	한 일	만날 우
正正	正正	正正	正正

7. 한자 따라 쓰며 익히기

3획	부수 十	´ 二 千		
千	千			
일천 천				
13획	부수 車	一 十 土 去 吉 吉 吉 吉 軎 軎 載 載 載		
載	載			
실을 재				
1획	부수 一	一		
一	一			
한 일				
13획	부수 辶	丨 冂 日 日 日 禺 禺 禺 禺 遇 遇 遇 遇		
遇	遇			
만날 우				

1. 한자 뿌리로 해석하기

天1	生2	緣3	分4	하늘(天)이
하늘 천	날 생	인연 연	나눌 분	만들어준(生) 연분(緣分)

'하늘이 짝지어 맺어준 인연'으로, 남녀 사이의 연분을 말한다. 즉 서로 부부 관계를 맺을 수 있도록 하늘이 미리 마련하여 정해준 인연으로 잘 어울리는 한 쌍의 부부를 가리키기도 한다.

2. 도움말

천생연분(天生緣分)은 글자 그대로 하늘이 짝지어 맺어준 인연을 말한다. 하늘이 내려주었기에 인간으로서는 어떻게 할 수 없는 남녀 사이의 인연이나 연분이다. 하늘이 정해준 인연이라 서로 잘 어울리는 한 쌍의 부부를 말하기도 한다.

정말 하늘이 정해준 연분이 있을까?

서양의 『향수』라는 소설을 읽어보면, 알게 모르게 사람들은 모두 고유한 냄새를 풍긴다고 한다. 그런데 사람에 따라 좋아하는 냄새가 다르다고 한다. 즉 자기가 좋아하는 냄새를 풍기는 사람을 좋아한다는 것이다. 내가 좋아하는 냄새는 하늘에서 정해준 것이니, 내가 좋아하는 냄새를 가진 사람이 바로 하늘이 정해준 짝이 아닐까 하는 엉뚱한 생각도 해본다.

우리 속담에 '천생연분 보리 개떡'이란 말이 있다. 보리 개떡을 먹을 만큼 가난하더라도 하늘이 정해준 연분이라 정답게 살아가는 부부를 두고 하는 말이다.

누구나 하늘이 정해준 짝이 있다는 믿음을 가지고 산다면 행복하지 않을까.

3. 한자 뜯어보기

天 하늘 천

 본래 사람의 머리를 크게 그렸는데, 머리가 가로획이 되어 지금과 같은 글자 모양이 되었다. 사람의 머리 위가 '하늘'임을 나타낸다.

※ 천지(天地) : 하늘 천(天) 땅 지(地)로, 하늘과 땅. 온 세상. 대단히 많음.
　에 청소하지 않아서 집이 온통 쓰레기 天地다.
※ 천재(天才) : 하늘 천(天) 재주 재(才)로, 하늘로부터 타고난 재주.
　에 그는 뛰어난 天才이다.

生 날 생

갑골문에 새싹이 돋아나는 모습이다. 뒤에 흙 토(土)와 떡잎 날 철(屮)을 합해서, 대지(土)에서 떡잎이 돋아나는(屮) 모양이 되었다. 이에서 '나다, 낳다, 살다'의 뜻이 나왔다.

※ 생물(生物) : 날 생(生) 만물 물(物)로, 생명을 가지고 있는 물체.
　에 그는 生物 시간을 좋아한다.
※ 공생(共生) : 함께 공(共) 살 생(生)으로, 서로 도와주며 함께 살아감.
　에 조개와 물고기는 共生 관계이다.

緣 인연 연

가는 실 사(糸)와 판단할 단(彖)이 합해서 형성된 글자이다. 단(彖)은 원래 돼지 시(豕)자가 바뀐 글자이나 여기서는 단→연으로 소리만 나타낸다. 연(緣)자는 사람 사이에 실(糸)처럼 연결된 보이지 않는 어떤 '인연, 연분'을 뜻한다.

※ 인연(因緣) : 인할 인(因) 연분 연(緣)으로, 원인과 연분. 사람들 사이에 맺어지는 관계.
　에 그가 그녀를 만난 것은 기이한 因緣에서 비롯되었다.
※ 사연(事緣) : 일 사(事) 인연 연(緣)으로, 일이 그렇게 된 까닭이나 인연.
　에 그 일에 대해서는 事緣이 복잡하다.

分 나눌 분

여덟 팔(八)과 칼 도(刀)가 합해진 글자이다. 팔(八)에 나눈다는 뜻이 있으므로, 칼(刀)로 잘라 나누다(八)에서 '나누다, 분별하다'는 의미가 나왔다.

※ 분석(分析) : 나눌 분(分) 쪼갤 석(析)으로, 어떤 현상이나 사물을 그 요소나 성향에 따라 나누고 쪼개는 일.
    예 그는 자료를 分析하는 일을 좋아한다.

※ 부분(部分) : 나눌 부(部) 나눌 분(分)으로, 전체를 몇으로 나눈 것들 중의 하나.
    예 과일에 썩은 部分이 있으면 상품 가치가 떨어진다.

4. 쓰임

* 우리 아버지와 어머니의 만남은 **천생연분(天生緣分)**이라고 한다.

* 우리의 궁합을 봐주던 할아버지는 우리 두 사람은 다시 없는 **천생연분(天生緣分)**이라고 하셨다.

* 그들은 **천생연분(天生緣分)** 찰떡궁합이다.

* 역술가에게서 우리의 궁합이 **천생연분(天生緣分)**이란 말을 듣고, 우리는 이듬해 결혼하기로 했다.

* 그이 하고 나는 남들은 다 **천생연분(天生緣分)**이라고 하는데도, 나는 가끔 과연 그 말이 정말일까 하는 의심이 들곤 한다.

5. 유의어

천정배필(天定配匹) : 하늘에서 정(定)해진 배필(配匹)을 말한다.

천정연분(天定緣分) : 천생연분(天生緣分)과 같은 뜻이다.

6. '바를 정' 자를 표시하며 한자 열 번씩 소리 내어 읽으며 외우기

天	生	緣	分
하늘 천	날 생	인연 연	나눌 분
正正	正正	正正	正正

7. 한자 따라 쓰며 익히기

4획	부수 大	一 二 チ 天	
天	天		
하늘 천			
5획	부수 生	ノ ヒ 屮 牛 生	
生	生		
날 생			
15획	부수 糸	ㄥ ㄠ ㄠ 幺 糸 糸 糸 紵 紵 紒 紤 絼 綪 緣 緣 緣	
緣	緣		
인연 연			
4획	부수 刀	ノ 八 分 分	
分	分		
나눌 분			

1. 한자 뿌리로 해석하기

桃[1]	園[2]	結[4]	義[3]	복숭아(桃) 밭(園)에서 의형제(義)를 맺음(結).
복숭아 도	동산 원	맺을 결	옳을 의	

'복숭아밭에서 의형제를 맺는다'는 뜻으로, 의형제를 맺음. 서로 다른 사람들이 하나의 목적을 위해 형제처럼 마음을 합칠 것을 굳게 결의함을 말한다.

2. 유래

후한 말에 일어난 황건적의 난으로 만나게 된 유비·관우·장비가 서로 군사를 일으킬 것을 결의하고 의형제를 맺기로 하였다. 이들은 복숭아꽃이 핀 밭 가운데에 검은 소와 흰 말과 종이돈 등 제물을 차려 놓고 제사를 올리며 하늘과 땅에 맹세했다.

"유비, 관우, 장비는 비록 성은 다르오나 이미 의형제가 되었으니, 마음과 힘을 합해 곤란한 사람들을 도와 위로는 나라에 보답하고 아래로는 백성을 편안케 하고, 같은 날에 태어나지 못했어도 같은 날에 죽기를 원하오니, 하늘과 땅의 신령께서는 굽어살펴 의리를 저버리고 은혜를 잊는 자가 있다면 하늘과 사람이 함께 죽이소서."

맹세를 마치고 유비가 형이 되고, 관우가 둘째, 장비가 셋째가 되었다. 이후 이들은 맹세한 것처럼 친형제처럼 평생 고락을 같이하였다.

이후 도원결의(桃園結義)는 의형제를 맺거나 뜻이 맞는 사람들이 개인적인 욕심을 버리고 같은 목적을 이루기 위해 마음을 합칠 것을 결의하는 말로 널리 쓰이게 되었다.

– 출전 : 『한서(漢書)』

3. 한자 뜯어보기

桃 복숭아 도

뜻을 나타내는 나무 목(木)과 소리를 나타내는 조짐 조(兆 조→도)가 합해져서 형성된 글자로, '복숭아'를 뜻한다.

복숭아에 대한 고대인들의 생각은 극단적으로 달랐다. 즉 설화에서 좋은 의미로는 장수의 상징인 천도복숭아 이야기가 전해져오지만, 나쁜 의미로는 도화살(桃花煞)이 있는 여자는 한 집안을 망하게 한다는 민간신앙도 있었다. 더욱이 복숭아는 귀신을 내쫓는다는 믿음 때문에 제사상에는 물론 집안에도 복숭아나무를 심지 않았다.

※ 도화(桃花) : 복숭아 도(桃) 꽃 화(花)로, 복숭아꽃.
   예 나는 봄에는 桃花를 보는 낙으로 산다.
※ 천도(天桃) : 하늘 천(天) 복숭아 도(桃)로, 하늘에서 난다고 하는 복숭아.
   복숭아 겉에 털이 나지 않고 매끈매끈하게 윤이 나는 복숭아.
   예 나는 天桃 복숭아를 좋아한다.

園 동산 원

나라 국(口)과 옷이 길 원(袁)이 합해져서 만들어진 글자이다. 원(袁)은 옷깃이 긴 옷을 가리키는데, 옷깃이 길고 헐렁해서 여유가 있다는 뜻이다. 그리고 나라 국(口)은 어떤 공간을 나타낸다. 따라서 마음의 여유를 찾기 위해 휴식을 취하는 공간인 '뜰, 정원'을 말한다.

※ 공원(公園) : 여럿 공(公) 동산 원(園)으로, 여러 사람이 이용할 수 있는 동산.
   예 나는 아침마다 우리 동네 公園에서 산책을 한다.
※ 낙원(樂園) : 즐거울 락(樂) 동산 원(園)으로, 즐겁게 놀 수 있는 동산.
   예 산과 골짜기는 새들의 樂園이다.

結 맺을 결

뜻을 나타내는 가는 실 사(糸)와 소리를 나타내는 길할 길(吉 길→결)이 합해져서 형성된 문자이다. 실로 묶어 매듭을 짓고 연결하는 데서 '맺다, 모으다, 묶다'라는 뜻이 나왔다.

※ 결과(結果) : 맺을 결(結) 열매 과(果)로, 열매를 맺음. 어떤 원인으로 결말이 생김.
　예 그 일의 結果가 어떻게 나올지 아무도 몰라서 다들 초조한 마음으로 기다리고 있다.
※ 연결(連結) : 이을 연(連) 맺을 결(結)로, 서로 이어서 맺음.
　예 요즘은 사람들은 인터넷으로 서로 한 다리만 걸쳐도 連結되어 있는 세상이다.
※ 타결(妥結) : 온당할 타(妥) 맺을 결(結)로, 서로 양보하여 일을 끝맺음.
　예 두 사람은 토의 끝에 일단 妥結하기로 했다.

義 옳을 의

양 양(羊)자와 나 아(我)자가 결합한 모습이다. 아(我)자는 삼지창이므로, 삼지창 위에 양 머리를 매달아 놓은 모습이다. 이는 양 머리를 창에 꽂아 권력자의 권위를 나타낸 것이다. 이에서 권력자는 '옳다, 의롭다, 바르다'라는 뜻이 나왔다.

※ 의리(義理) : 옳을 의(義) 이치 리(理)로, 사람이 마땅히 지켜야 할 올바른 도리.
　예 그는 義理를 지키는 훌륭한 사람으로 주변 평판이 자자하다.
※ 신의(信義) : 믿을 신(信) 옳을 의(義)로, 믿음과 의리를 아울러 이르는 말.
　예 사람이 信義가 없으면 주변의 사람들이 떠나게 되어 있다.
※ 의무(義務) : 옳을 의(義) 힘쓸 무(務)로, 사람으로서 마땅히 하여야 할 일.
　예 그는 항상 자신의 義務에 충실한 사람이다.

4. 쓰임

* 그들 세 명의 친구가 우연히 만나 삼국지의 첫 대목에 나오는 **도원결의(桃園結義)**처럼 의형제를 맺기로 했다.

* 삼국지 첫머리에 나오는 **도원결의(桃園結義)**는 실제 역사적 사실이 아니고 허구로 지어낸 이야기지만 사람들은 이를 사실인 것처럼 아주 재미있어한다.

* 뜻이 맞는 친구들이 함께 큰일을 이루자면 『삼국지』의 **도원결의(桃園結義)**와 같이 굳은 맹세를 하고 서로 믿고 의리를 지켜야 한다.

* 사나이들 사이에 무엇보다 믿음과 의리가 중요함은 유비, 관우, 장비의 **도원결의(桃園結義)**에 잘 나타난다.

* 도둑들 셋이 모여 **도원결의(桃園結義)**을 맺는다면, 그런 것도 도원결의라 할 수 있을까?

5. 유의어

결의형제(結義兄弟) : 남남끼리 의리로써 형제 관계를 맺음.

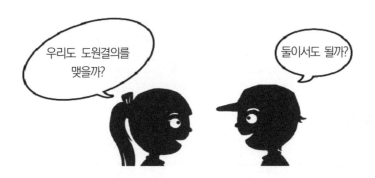

우리도 도원결의를 맺을까?

둘이서도 될까?

6. '바를 정' 자를 표시하며 한자 열 번씩 소리 내어 읽으며 외우기

桃	園	結	義
복숭아 도	동산 원	맺을 결	옳을 의
正正	正正	正正	正正

7. 한자 따라 쓰며 익히기

10획	부수 木	一 十 才 木 札 杉 杉 机 桃 桃			
桃	桃				
복숭아 도					
13획	부수 囗	丨 冂 冂 冃 囝 闱 阖 阖			
		阖 園 園 園			
園	園				
동산 원					
12획	부수 糹	纟 纟 纟 纟 幺 糸 糿 紇 結			
		結 結 結			
結	結				
맺을 결					
13획	부수 羊	丶 䒑 䒑 芏 美 差 差 羊			
		莑 義 義 義			
義	義				
옳을 의					

둘째 마당 ④   회자정리 會者定離

1. 한자 뿌리로 해석하기

會₁	者₂	定₄	離₃	만난(會)
모일 회	놈 자	정할 정	떠날 리	사람(者)은 떠나게(離) 정해져 있음(定).

'만나면 언젠가는 떠나게 되어 있다'는 뜻으로, 인생의 무상함을 인간의 힘으로는 어찌할 수 없음을 일컫는 말이다.

2. 도움말

이 말은 본래 불교 경전인 『법화경』에 나오는 말이다.

회자정리(會者定離) 거자필반(去者必返) 생자필멸(生者必滅)이다. 만난 자는 헤어지고, 간 자는 반드시 돌아오고, 산 자는 반드시 죽는다. 불교의 윤회사상이다.

이를 한용운은 '님의 침묵'이라는 시로 아름답게 나타내었다. 우리는 이 시의 일부를 읽어보며 이의 참뜻을 한 번 음미해 보기로 한다.

　우리는 만날 때에 떠날 것을 염려하는 것과 같이 떠날 때에 다시 만날 것을 믿습니다.
　아아, 님은 갔지마는 나는 님을 보내지 아니하였습니다.

한용운은 만날 때 떠날 것을 염려한다고 했다. 회자정리(會者定離)이다. 그러나 떠날 때는 다시 만날 것을 믿는다고 하였다. 거자필반(去者必返)이다.

그러나 님은 갔지만 나는 보내지 않았고, 님은 간 것이 아니라 침묵을 지키고 있다는 것이다. 님은 갔지만, 다시 만날 것을 기대하는 애절한 마음이 담긴 멋진 시라고 하겠다.

3. 한자 뜯어보기

會 모일 회

원래 그릇의 뚜껑을 덮어 합친다는 뜻에서, '모으다'라는 의미가 나왔다.

※ 회의(會議) : 모일 회(會) 의논할 의(議)로, 여럿이 모여 의논함.

예 오늘 우리 학급에서 會議를 열었다.

※ 회사(會社) : 모일 회(會) 단체 사(社)로, 상행위 또는 영리를 목적으로 상법에 따라 설립된 사단 법인.

예 우리 會社는 사원들을 가족처럼 대우해 준다.

者 놈 자

본래 솥에다 콩을 삶는 모습을 그렸다. 뒤에 윗부분의 콩이 늙을 노(耂)로, 그리고 아래 솥이 가로 왈(曰)로 바뀌어 지금처럼 되었다. 원래 '삶다'가 본래 뜻이나, 뒤에 '-하는 사람, -하는 것'으로 의미로 바뀌었다.

※ 경작자(耕作者) : 밭 갈 경(耕) 지을 작(作) 놈 자(者)로, 직접 땅을 갈아서 농사짓는 사람.

예 요즘 시골로 내려가서 농사를 짓는 耕作者들이 늘어나고 있다.

※ 환자(患者) : 근심 환(患) 놈 자(自)로, 병이 나거나 다친 사람.

예 대학병원에 患者들이 너무 많아서 마치 장이 선 것과 같았다.

定 정할 정

집 면(宀)과 발 소(疋)가 합해진 글자이다. 집안에서 발을 멈추고 안정을 취하는 모습에서, '쉬다, 안정되다, 정하다'라는 의미가 나왔다.

※ 안정(安定) : 편안할 안(安) 정할 정(定)으로, 편안한 상태를 유지함.

예 수술 뒤에는 일정 기간 安定이 필수적이다.

※ 정착(定着) : 정할 정(定) 붙을 착(着)으로, 일정한 장소에 자리를 잡고 삶.

예 외국에 이민 가서 거기에 定着하기에는 어려움이 적지 않다고 한다.

離 떠날 리

흩어질 리(离)와 새 추(隹)의 두 가지 뜻이 합쳐진 글자이다. 새들(隹)이 흩어지는(离) 모양에서 '떠나다, 헤어지다'라는 등의 뜻이 나왔다.

※ 이별(離別) : 떠날 리(離) 나눌 별(別)로, 서로 떠나서 나누어짐.
  예 모든 사람은 영원히 離別 없이 살아보기를 꿈꾼다.
※ 이농(離農) : 떠날 리(離) 농사 농(農)으로, 농사일을 그만두고 농촌을 떠남.
  예 근래에 농촌에 離農 인구가 급증해서 농촌 인구가 감소하고 있다.

4. 쓰임

* 기어이 그는 떠나갔다. **회자정리(會者定離)**를 모르는 바 아니나 이 외로움은 어찌해야 하나.

* 교장 선생님은 **회자정리(會者定離)**라는 고사성어를 인용하며, 졸업하는 학생들을 위로하였다.

* **회자정리(會者定離)**라는 말이 있듯이, 이별이 있다는 건 누구나 다 아는 사실이지만 막상 받아들일 때 힘이 안 드는 사람은 없는 것 같다.

* 만남이 있으면 이별도 있다는 **회자정리(會者定離)**, 나는 이 말을 기억하며 그녀를 순순히 보내 주며 오히려 앞날을 축복해 주었다.

* 낮이 가면 밤이 오듯이, 만나면 헤어진다는 **회자정리(會者定離)**도 같은 이치인 것이 틀림없다.

5. 유의어

무상전변(無常轉變) : 회자정리(會者定離)와 같은 말이다.

생자필멸(生者必滅) : 살아있는 것은 반드시 죽기 마련이라는 뜻이다. 세상만사가 덧없음을 이르는 말이다.

6. '바를 정' 자를 표시하며 한자 열 번씩 소리 내어 읽으며 외우기

會	者	定	離
모일 회	놈 자	정할 정	떠날 리
正正	正正	正正	正正

7. 한자 따라 쓰며 익히기

13획	부수 日	ノ 人 人 人 今 命 命 命 會 命 會 會 會		
會 會				
모일 회				
9획	부수 老	一 十 土 少 尹 耂 者 者 者		
者 者				
놈 자				
8획	부수 宀	` ` ⼧ 宀 宁 宇 宇 定		
定 定				
정할 정				
19획	부수 隹	` ⼀ ⼂ ⻌ 卤 离 离 离 离 离 离 离 離 離 離 離 離 離		
離 離				
떠날 리				

둘째 마당 ⑤ 거자필반 去者必返

1. 한자 뿌리로 해석하기

去¹	者²	必³	返⁴	간(去) 사람(者)은
갈 거	놈 자	반드시 필	돌아올 반	반드시(必) 돌아옴(返)

'헤어진 사람은 언젠가 반드시 돌아오게 된다'는 말이다.

불교에서 만남과 헤어짐이 덧없는 일이라는 뜻으로 쓰는 말이다. 일반적으로는 헤어짐을 아쉬워하면서 다시 만날 것을 기대하는 말이기도 하다.

2. 도움말

거자필반(去者必返)이라는 말은 회자정리(會者定離)와 마찬가지로 『법화경』이라는 불경에 나오는 말이라고 했다. 불교에서는 왜 이런 말을 쓸까?

불교가 다른 종교와 특별히 다른 점은 생명이 있는 것은 끝없이 윤회한다고 믿는 점이다. 즉 생명이 있는 것은 모두 여섯 가지의 세상에서 번갈아 태어나고 죽어 간다는 것으로 이를 육도윤회(六道輪廻)라고 한다.

육도 중 첫째는 지옥도로 가장 고통이 심한 세상이다. 둘째는 아귀도이다. 굶주림의 고통을 심하게 받는 곳이다. 셋째는 축생도(畜生道)이다. 네발 달린 짐승을 비롯하여 새·고기·벌레·뱀까지도 모두 포함하는 곳이다. 넷째는 아수라도이다. 노여움이 가득 찬 세상이다. 다섯째는 인간이 사는 인도이다. 여섯째는 행복이 두루 갖추어진 하늘 세계인 천도(天道)이다.

곧 인간은 현세에서 저지른 업에 따라 죽은 뒤에 여섯 세계 중의 어느한 곳에서 내세를 누리며, 그 내세에 사는 동안 저지른 업에 따라 그 이후 내세에 다른 세상에 태어나며 윤회를 계속한다는 것이다.

불교의 이런 윤회사상에 따라, 만나면 헤어지고 헤어지면 다시 만난다는 순환사상이 나온 것이라고 보아야 한다.

3. 한자 뜯어보기

去 갈 거

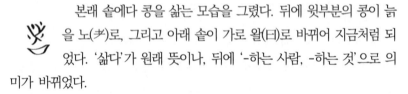

갑골문에서 사람이 문턱을 걸어 나가는 모습을 그린 문자이다. 이에서 '가다'라는 뜻이 나왔다.

※ 거취(去就) : 갈 거(去) 나아갈 취(就)로, 사람이 어디로 가거나 다님.

예 사람은 항상 去就가 분명해야 한다.

※ 과거(過去) : 지날 과(過) 갈 거(去)로, 지나감 또는 그때. 지난번.

예 過去를 후회하기보다는 반성하여 다시는 그런 일을 하지 않도록 조심하는 것이 좋다.

者 놈 자

본래 솥에다 콩을 삶는 모습을 그렸다. 뒤에 윗부분의 콩이 늙을 노(耂)로, 그리고 아래 솥이 가로 왈(曰)로 바뀌어 지금처럼 되었다. '삶다'가 원래 뜻이나, 뒤에 '-하는 사람, -하는 것'으로 의미가 바뀌었다.

※ 기자(記者) : 기록할 기(記) 사람 자(者)로, 신문 잡지 방송 따위에 실을 기사를 취재하여 쓰거나 편집하는 사람.

예 그는 연예계의 유명한 記者이다.

※ 소비자(消費者) : 사라질 소(消) 쓸 비(費) 놈 자(者)로, 생산된 물건을 쓰는 사람.

예 현대에는 消費者가 왕이라고 한다.

必 반드시 필

이 글자에 대해서는 여러 가지 의견들이 있으나, 대개 막대기 익(弋)이 뜻을 나타내고 여덟 팔(八)이 소리를 내는 것으로 형성된 글자라고 본다. 가축을 몰 때는 막대기가 필요하므로 '반드시, 틀림없이'라는 뜻이 나왔다고 한다.

※ 필수(必須) : 반드시 필(必) 모름지기 수(須)로, 반드시 모름지기 해야 함.
  예 사람이 인사를 잘해야 하는 것은 선택이 아니라 必須다.
※ 하필(何必) : 어찌 하(何) 반드시 필(必)로, 어찌하여 반드시.
  예 왜 何必 내가 가야 하나?

返 돌아올 반

쉬엄쉬엄 갈 착(辶)과 되돌릴 반(反)이 합해진 글자이다. 갔던(辶) 길을 거꾸로(反) 되돌아온다는 의미가 된다. 이로부터 '돌아오다, 귀환하다, 바꾸다' 등의 뜻이 나왔다.

※ 반납(返納) : 돌아올 반(返) 바칠 납(納)으로, 꾸거나 빌린 것을 되돌려 줌.
  예 도서관에서 빌린 책은 꼭 정해진 기간 내에 返納해야 한다.
※ 반송(返送) : 돌아올 반(返) 보낼 송(送)으로, 도로 돌려보냄.
  예 잘못 배달된 우편물이라 바로 返送했다.

4. 쓰임

* **거자필반(去者必返)**이라는 말도 있듯이, 나는 그이가 언젠가는 생각을 바꾸어 다시 돌아올 것이라고 믿고 있어요.

* 그는 헤어지면서 **거자필반(去者必返)**이라는 말을 되뇌이면서 다시 돌아올 날이 있을 것이라고 했다.

* 나는 회자정리(會者定離)라는 말은 믿겠는데, **거자필반(去者必返)**이라는 말은 잘 믿어지지 않는 게 사실이다.

* 그녀는 **거자필반(去者必返)**이라는 말을 믿으며 그가 언젠가는 돌아올 것이라며 기다리고 있다. 그러다가 나이가 들어 혼기를 놓치면 어떡하지.

* **거자필반(去者必返)**이라는 말은 이별의 슬픔을 감추기 위해서 일부러 만든 말이 아닐까?

5. '바를 정' 자를 표시하며 한자 열 번씩 소리 내어 읽으며 외우기

去	者	必	返
갈 거	놈 자	반드시 필	돌아올 반
正正	正正	正正	正正

6. 한자 따라 쓰며 익히기

5획	부수 厶	一 十 土 去 去		
去	去			
갈 거				
9획	부수 老	一 十 土 耂 耂 耂 者 者 者		
者	者			
놈 자				
5획	부수 心	丶 ノ 必 必 必		
必	必			
반드시 필				
8획	부수 辵	一 厂 万 反 反 返 返 返		
返	返			
돌아올 반				

셋째 마당

세상을 살아가는 지혜

세상을 잘 살아가기 위해서는 무엇보다 지혜로워야 한다.

세상을 좀 거칠게 표현하면 보이지 않는 전쟁터라고도 할 수 있다. 모든 종교에서 사랑을 강조하고 있지만, 그것은 어쩌면 세상에 사랑이 그만큼 없기 때문이 아닐까. 사실 사랑도 전쟁에서 승리한 사람들의 일이다. 이런 전쟁터에서 살아남기 위해서는 무엇보다 강하고 지혜로워야 한다. 어떻게 하면 강한 자가 되어 살아남을 수 있을까!

먼저 자기 자신을 이기는 사람이 되어야 한다. 자기 자신도 못 이기면서 남을 이긴다는 것은 말이 되지 않는다. 그러나 자기를 이기는 것은 정말 쉬운 일이 아니다. 자기를 이기는 자는 성을 빼앗는 자보다 강하다는 말이 있다. 그만큼 어렵다는 말이다.

- 자승자강(自勝者强)

그리고 세상은 혼자 살아갈 수 있는 곳이 아니다. 더불어 살아가는 곳이다. 그래서 적보다 아군을 더 많이 만들어야 한다. 아군을 만드는 방법이 무엇일까? 무엇보다 내가 먼저 그 사람의 처지가 되어서 생각해보고, 그를 이해해 주어야 내 편이 된다.

- 역지사지(易地思之)

또한 인생에서 성공하기 위해서는 자기가 하고 싶은 분야에서 성공한 사람들을 따라 배워야 한다. 가수가 되고 싶으면 가수를 흉내 내어 노래를 부르듯이, 성공한 사람이 되고 싶다면 성공한 사람을 흉내 내다 보면 어느새 자신도 그 사람처럼 성공해 있는 것을 보게 될 것이다.   - 타산지석(他山之石)

더불어 그 분야에서 실패한 사람에게서도 배워야 한다. 그 사람은 왜 실패했는지를 알게 되면, 실패하지 않게 될 것이기 때문이다. 그러므로 성공한 사람이나 실패한 사람을 보고 배워야 한다.

또 상대를 이기기 위해서는 무엇보다 상대가 어떤 사람인지를 알아야 한다. 더불어 나 자신도 알아야 한다. 적을 알고 나를 알면 백전백승이란 말이 있다.

            - 지피지기(知彼知己)

독불장군은 없다는 말이 있다. 혼자서는 장군이 될 수 없다는 뜻으로, 무슨 일이나 주변 사람들과 의논하고 힘을 합쳐야지 혼자서는 용빼는 재주가 없다. 그렇다, 세상을 성공적으로 살아가려면 좋은 친구들이 많아야 한다.

먼저 정직한 사람을 친구로 두어야 한다. 그래야 믿고 같이 일을 할 수 있는 것이다.

다음으로 사람의 도리를 아는 사람, 즉 인간이 마땅히 가야 할 바른길을 가는 사람을 친구로 두어야 한다. 그래야 나도 인간다운 인간이 될 수 있다.

끝으로 아는 지식이 많은 사람을 친구로 두어야 한다. 그래야 얻어들을 것이 많다.

이런 친구를 많이 둔 사람일수록 행복하다.   - 익자삼우(益者三友)

세상을 지혜롭게 살자!

셋째 마당 ① 자승자강 自勝者强

1. 한자 뿌리로 해석하기

自 1	勝 2	者 3	强 4	스스로(自)를 이기는(勝)
스스로 자	이길 승	놈 자	강할 강	사람(者)은 강하다(强).

'자기 자신을 이기는 사람은 강하다'라는 뜻으로, 자신을 이기는 사람이 강한 사람임을 이르는 말이다.

2. 도움말

세상을 살아가면서 만나는 문제는 크게 두 가지로 나누어 볼 수 있다.

첫째는 나 자신에 관한 문제이다. 나는 누구인지, 나는 무엇을 원하고 있는지, 나는 어디로 가고 있는지, 그래서 나는 어떻게 해야 할지 등 모두 나 자신에 관한 문제들이다.

이런 문제는 어쨌든 나 스스로 해결해야 한다. 또 해결할 수도 있다.

둘째는 나와 다른 것과의 관계이다.

이것을 또 두 가지로 나누면 나와 물질적인 것과의 관계, 그리고 나와 다른 사람과의 관계이다.

나와 물질적인 것 역시 주체는 나가 된다. 물질은 정신이 없기 때문이다. 따라서 물질 관계는 나 스스로 결정하면 된다. 돈을 얼마 정도 벌면 될 것인가, 이 물건은 어느 정도의 가치가 있을까, 나는 이것을 가질 것인가 버릴 것인가 등등 내가 결정하면 된다.

그러나 나와 다른 사람과의 관계는 만만하지 않다. 왜냐하면 상대방 역시 나와 마찬가지로 생각이 있는 사람이기 때문이다. 살아가면서 이 문제가 가장 복잡하고 어렵다. 그러나 이 문제 역시 나 스스로 해결해야 한다.

어쨌든 세상을 살아가면서 만나는 모든 문제는 결국 내가 해결해야 한다. 어렵다고 피할 수 있는 것도 아니고, 누가 대신해 줄 수 있는 것도 아니다.

결국 나의 문제이므로 나를 이기는 길밖에 없다. 스스로 자기를 이기는 자가 강하다.

3. 한자 뜯어보기

自 스스로 자

사람의 코를 정면에서 그린 것으로, 본래 의미는 '코'였다. 이 코는 사람 얼굴의 중심이자 자신을 가리키는 위치이기도 하다. 우리는 보통 자기를 가리킬 때 손가락이 자기 얼굴을 향하게끔 한다. 여기서 '자기, 스스로, 몸소' 등의 뜻이 나왔다.

※ 자주(自主) : 스스로 자(自) 주인 주(主)로, 자기 스스로 자신의 주인이 됨.
   예 우리나라는 다른 나라에 의지하지 않고 스스로 自主 국방을 할 수 있는 힘을 길러야 한다.

※ 자동(自動) : 스스로 자(自) 움직일 동(動)으로, 스스로 움직임.
   예 요즈음 대개의 전자제품은 自動으로 움직인다.

勝 이길 승

나 짐(朕) 자와 힘 력(力)이 합해진 글자이다. 내(朕)가 가진 힘(力)을 나타내기에 '이기다, 견디다, 격파하다' 등의 뜻이 나왔다.

※ 승리(勝利) : 이길 승(勝) 이로울 리(利)로, 이김, 이겨서 이익을 봄.
   예 전쟁에서는 무조건 勝利해야 한다.

※ 필승(必勝) : 반드시 필(必) 이길 승(勝)으로, 반드시 이김.
   예 그 팀은 항상 必勝을 다짐하며 경기에 나선다.

者 놈 자

 원래 솥(曰)에다 콩(叔)을 삶는 모습의 그림으로, '삶다'가 원뜻이었다, 뒤에 '-하는 사람, -하는 것'으로 뜻이 바뀌어 지금처럼 쓰이고 있다.

※ 인자(仁者) : 어질 인(仁) 사람 자(者)로, 마음이 어진 사람.

　예 마음이 어진 仁者에게는 적이 없다고 한다.

强 강할 강

활 궁(弓)과 입 구(口)와 벌레 충(虫)이 합해진 글자이다. 원래는 생명력이 강한 쌀벌레의 이름이었다. 이에서 뒤에 생명력이 '강하다'는 뜻으로 확장되었다.

※ 강제(强制) : 굳셀 강(强) 누를 제(制)로, 억지로 누름.

　예 경찰은 범인을 强制로 구속했다.

※ 강도(强盜) : 굳셀 강(强) 훔칠 도(盜)로, 힘으로 남의 금품을 빼앗는 일.

　예 집안 단속을 잘해서 强盜가 들지 않도록 주의해야 한다.

4. 쓰임

* 예부터 우리 선조들은 자기 자신을 이기는 자가 강하다는 **자승자강(自勝者强)**이란 말을 중히 여겼다.

* 성을 쳐서 빼앗는 것보다 스스로를 이기는 **자승자강(自勝者强)**이 더 어렵다고 한다.

* 무슨 일을 하든지 자기를 이기지 못하면 아무것도 제대로 하지 못한다. 따라서 **자승자강(自勝者强)**을 항상 염두에 두고 생활해야 한다.

* 그는 책상머리에 **자승자강(自勝者强)**이란 글귀를 붙여놓고 늘 자신에게 지지 않으려고 노력하고 있다.

5. '바를 정' 자를 표시하며 한자 열 번씩 소리 내어 읽으며 외우기

自	勝	者	强
스스로 자	이길 승	놈 자	강할 강
正正	正正	正正	正正

6. 한자 따라 쓰며 익히기

6획	부수 自	′ ′ ′ ′ ′ 自 自		
自	自			
스스로 자				
12획	부수 力	))))))))))))		
勝	勝			
이길 승				
9획	부수 老	一 十 土 少 耂 耂 者 者 者		
者	者			
놈 자				
12획	부수 弓	))))))))))))		
强	强			
강할 강				

1. 한자 뿌리로 해석하기

易 ²	地 ¹	思 ⁴	之 ³	처지(地)를 바꾸어(易)
바꿀 역	처지 지	생각할 사	어조사 지	그것(之)을 생각함(思).

'처지를 바꾸어 상대를 생각한다'는 뜻이다. 내가 상대방의 처지에서 생각해 보면, 상대를 이해할 수 있는 길이 열릴 것이다.

2. 유래

중국의 우 임금과 후직이 살았던 시대는 태평성대였다. 그들은 백성을 위한 나라의 일 때문에 세 번이나 자기 집 문 앞을 지나면서도 집에 들어가지 않았다고 한다. 이 일을 두고 공자가 그들을 어질다고 했다.

또한 공자의 제자인 안회는 난세에 살았지만, 누추한 골목에서 밥 한 그릇과 물 한 바가지로 가난하게 살면서도 안빈낙도의 태도를 잃지 않았다. 공자는 이를 보고 그를 어질다고 했다고 한다.

이런 사실을 두고 맹자는 "우와 후직, 안회는 모두 같은 길을 가는 사람으로 서로의 처지가 바뀌었더라도 모두 같게 행동했을 것(易地則皆然)"이라고 하였다. 이는 안회도 태평성대에 살았다면 우 임금이나 후직처럼 행동했을 것이며, 우 임금과 후직도 난세에 살았다면 안회처럼 행동했을 것이라는 말이다.

여기서 역지사지(易地思之)라는 말이 유래되었다고 한다. 대개 사람들은 무슨 일이든 남을 생각하지 않고 자기에게 이롭게 생각하거나 행동하려고 한다. 욕심 때문이다. 그러므로 욕심을 버리고 내가 상대편의 처지가 되어 보는 것이 중요하다. 그것이 어진 사람이 되는 첫 번째 길이다.

– 『맹자』「이루편」

3. 한자 뜯어보기

易 바꿀 역

도마뱀을 그렸다는 설이 있다. 도마뱀은 주변의 환경에 따라 몸을 보호하기 위해서 몸의 색깔을 쉽게 바꾸기 때문에, '바꾸다'라는 뜻이 나왔다고 본다. '쉽다'고 할 때는 '안이(安易)'처럼 '이'로 읽는다.

※ 무역(貿易) : 바꿀 무(貿) 바꿀 역(易)으로, 외국과 물품을 수출입 하는 상행위.

　예) 우리나라는 貿易으로 먹고산다고 할 수 있다.

※ 안이(安易) : 편안할 안(安) 쉬울 이(易)로, 편안하여 만사를 쉽게 여김.

　예) 그렇게 安易한 태도로는 무슨 일에도 성공하기 어렵다.

地 땅 지

흙 토(土)와 뱀 사(它)가 합해진 글자이다. 뒤에 뱀 사(它)가 어조사 야(也)로 바뀌어 글자 모양이 지금처럼 되었다. 옛날에는 땅에 뱀이 많았기에, 여기서 '땅'이란 뜻이 나왔다.

※ 지반(地盤) : 땅 지(地) 소반 반(盤)으로, 땅의 굳은 표면.

　예) 거기는 地盤이 약해서 집짓기가 어렵다.

※ 궁지(窮地) : 궁할 궁(窮) 땅 지(地)로, 상황이 매우 곤궁한 처지.

　예) 그는 드디어 窮地에 몰렸다.

思 생각할 사

정수리 신(囟)과 마음 심(心)이 합해진 글자이나, 정수리 신(囟)자가 밭 전(田)자로 바뀌어 글자 모양이 지금처럼 되었다. 정수리(囟) 즉 머리로 마음먹은(心) 바를 '생각하다'는 뜻이다.

※ 사상(思想) : 생각 사(思) 생각 상(想)으로, 그 일에 대해 가지고 있는 생각.

　예) 그는 思想이 매우 뚜렷하다.

※ 사모(思慕) : 생각 사(思) 그리워할 모(慕)로, 애틋하게 생각하며 그리워함.

　예) 그녀를 애타게 思慕하고 있는 것을 그녀만 모르는 게 답답할 뿐이다.

갑골문에서 땅(一) 위에 발 지(止)를 그려, 어떤 곳으로 나아가는 모습에서 '가다'라는 뜻이 나왔다. 뒤에 '- 의'라는 관형격 조사, 또는 '-이, -가'라는 주격조사로도 쓰이고, '이것, 그것, 저것'이라는 대명사로도 쓰인다.

여기서는 대명사로, 생각할 사(思)의 목적어로 사용되었다.

4. 쓰임

* 사람들이 서로 **역지사지(易地思之)**의 자세로 서로의 주장에 귀를 기울인다면 다툼이 그만큼 줄어들 것이다.

* 그는 늘 **역지사지(易地思之)**하는 사람으로, 다른 사람에 대한 이해력이 높은 사람이다.

* 원만한 부부생활을 위해서는 **역지사지(易地思之)**만큼 중요한 것이 없다고 어머니는 시집가는 딸에게 말했다.

* 사회생활을 할 때, 시민들이 서로 **역지사지(易地思之)**하는 마음을 가지고 산다면 우리 사회는 보다 성숙한 사회가 될 것이라고 확신한다.

* 생각도 습관이다. 그러므로 늘 **역지사지(易地思之)**하는 습관을 기른다면 저절로 이해심이 깊은 사람이 될 수 있을 것이다.

5. 반의어

아전인수(我田引水) : 자기 논에만 물을 끌어넣는다는 뜻으로, 자기의 이익을 먼저 생각하고 행동함을 말한다. 또는 억지로 자기에게 이롭도록 꾀함을 이르는 말이다.

6. '바를 정' 자를 표시하며 한자 열 번씩 소리 내어 읽으며 외우기

易	地	思	之
바꿀 역	땅 지	생각할 사	어조사 지
正正	正正	正正	正正

7. 한자 따라 쓰며 익히기

8획	부수 日	⼁ 冂 冃 日 月 易 易 易		
易	易			
바꿀 역				
6획	부수 土	一 十 土 圵 地 地		
地	地			
땅 지				
9획	부수 心	⼁ 冂 冂 田 田 甲 思 思 思		
思	思			
생각할 사				
4획	부수 丿	丶 ㇇ ㇇ 之		
之	之			
어조사 지				

1. 한자 뿌리로 해석하기

他1	山2	之3	石4	다른(他) 산(山)의(之) 돌(石).
다를 타	뫼 산	어조사 지	돌 석	

'다른 산의 돌'이라는 뜻이다. 다른 산에 있는 하찮은 돌이라도 그것을 숫돌로 쓰면 자기의 옥을 갈 수가 있으므로, 다른 사람의 하찮은 말이나 행동이라도 자기의 지혜와 덕을 닦는 데 도움이 됨을 비유한 말이다.

2. 유래

이 말은 『시경(詩經)』, 소아편 학명(鶴鳴)에 나오는 시의 한 구절이다.

아름다운 저 동산에

박달나무 심겨 있고

그 아래에는 닥나무가 있네.

다른 산의 돌(他山之石)로써도

나의 옥을 갈 수 있다네.

남의 산의 돌. 즉 다른 산의 하찮은 돌로써도 자기의 소중한 옥을 가는 데에 쓸 수 있다는 뜻으로, 남의 말이나 행동이 자신의 인격을 수양하는 데에 도움이 될 수 있다는 것을 비유하는 말이다.

3. 한자 뜯어보기

他 다를 타

본래 타(他)자는 사람 인(人)자에 다를 타(它)자를 더한 것으로, '다른 사람'이라는 뜻으로 만들어진 글자이다. 그러나 뒤에 다를 타(它)자가 어조사 야(也)로 바뀌어 글자 모양이 지금처럼 되었고, '다르다'라는 뜻으로 쓰인다.

※ 타인(他人) : 다를 타(他) 사람 인(人)으로, 다른 사람.
  예 교양 있는 사람은 처음 보는 他人에게도 친절하다.
※ 기타(其他) : 그 기(其) 다를 타(他)로, 그 밖의 또 다른 것.
  예 其他 사항을 잘 읽어 보아라.

山 뫼 산

세 개의 산봉우리의 모습을 그려, 연이어진 '산'을 나타냈다.

※ 산소(山所) : 뫼 산(山) 곳 소(所)로, '무덤'의 높임말.
  예 우리 가족은 해마다 추석에는 山所를 찾아가 성묘를 한다.
※ 당산(堂山) : 집 당(堂) 뫼 산(山)으로, 토지나 마을의 수호신을 모신 산이나 언덕.
  예 마을 사람들은 설날이나 추석 같은 명절이 되면 堂山에 제사를 지내기도 한다.

之 어조사 지

갑골문에서 땅(一) 위에 발 지(止)를 그려, 어떤 곳으로 나아가는 모습에서 '가다'라는 뜻이 나왔다. 뒤에 '- 의'라는 관형격 조사, 또는 '-이, -가'라는 주격조사로도 쓰이고, '이것, 그것, 저것'이라는 대명사로도 쓰인다.

여기서는 무엇 '-의'라는 뜻의 관형격 조사로 쓰였다.

石 돌 석

ㅂ

벼랑 아래로 돌이 굴러떨어진 모습을 그려 '돌'을 나타낸다.

※ 석유(石油) : 돌 석(石) 기름 유(油)로, 암석층을 뚫고 돌에서
　 퍼낸 기름.

㉠ 현대사회에서 石油는 가장 중요한 에너지 중 하나이다.

※ 비석(碑石) : 돌기둥 비(碑) 돌 석(石)으로, 돌로 만든 비.

㉠ 할아버지 산소 앞에 碑石을 세웠다.

4. 쓰임

* 실패한 사람들의 전철을 밟지 않으려면 다른 사람의 실패를 **타산지석(他山之石)**으로 삼아 그들이 실패한 원인을 철저하게 분석해서 대비해야 한다.

* 아버지는 시험에 실패한 아들에게 지난 일을 **타산지석(他山之石)**으로 삼아 내년에는 꼭 합격해야 한다고 말씀하셨다.

* 그는 형의 행동을 **타산지석(他山之石)**으로 삼아 자신은 절대 동생들에게 형처럼 행동하지 않겠다고 결심하였다,

* 오늘부터 성공한 사람들을 **타산지석(他山之石)**으로 삼아 그들과 같이 생각하고 그들과 같이 행동하기로 했다.

* 현명한 사람은 항상 성공한 사람이나 실패한 사람들을 **타산지석(他山之石)**으로 삼아 생각하고 행동한다.

5. 유의어

반면교사(反面教師) : 어떤 일의 잘못을 통하여 교훈을 얻게 하는 대상을 일컫는 말이다.

6. '바를 정' 자를 표시하며 한자 열 번씩 소리 내어 읽으며 외우기

他	山	之	石
다를 타	뫼 산	어조사 지	돌 석
正正	正正	正正	正正

7. 한자 따라 쓰며 익히기

5획	부수 人	ノ 亻 亻 仲 他		
他	他			
다를 타				
3획	부수 山	丨 丩 山		
山	山			
뫼 산				
4획	부수 ノ	丶 ㇀ ⸜ 之		
之	之			
어조사 지				
5획	부수 石	一 ア ア 石 石		
石	石			
돌 석				

셋째 마당 ④   지피지기 知彼知己

1. 한자 뿌리로 해석하기

知 2	彼 1	知 4	己 3	상대(彼)를 알고(知)
알 지	저 피	알 지	자기 기	자기(己)를 알아야(知) 한다.

  '상대를 알고 자기를 알아야 한다'는 뜻으로, 적과 나의 형편을 잘 알아야 싸움에서 이길 수 있다는 말이다.

2. 유래

  이 말은 춘추전국시대 손무의 『손자병법』에 나오는 말이다. 중국의 춘추전국시대는 말 그대로 전쟁의 시대였다. 따라서 이때의 병서들은 그 시대의 전쟁 경험과 발전된 전법이 집대성된 책들이다. 그중에서도 『손자병법』은 오늘날까지 읽히는 최고의 군사 고전으로 꼽힌다.

  여기서는 지피지기(知彼知己)와 관계되는 부분만을 살펴보기로 한다.

  '적을 알고 나를 알면 백 번 싸워도 위태롭지 않다. 적을 모르고 나만 알면 한번 이기고 한번 진다. 적을 모르고 나도 모르면 백번 싸워 백번 다 위태롭다.'

  이 말은 전쟁에는 무엇보다 정보가 중요함을 강조한 말이다.

  즉 적군이 갖추고 있는 조건과 그것이 강하고 약한 것을 잘 알고, 아군의 실력도 충분히 알고 난 다음의 싸움이라면 이른바 백전백승할 것이니 위태로움이 없다는 말이다. 원문에는 '지피지기면 백전불태'라 되어 있지만, '지피지기면 백전백승'으로 통용되고 있다.

  이와 달리 아군 쪽 실력만 알고, 적군에 대한 정보가 부족한 가운데 싸운다면, 경우에 따라 혹 이길 수도 있고 혹 질 수도 있다는 말이다.

끝으로 만약 적군에 대한 정보도 불충분하고 아군 쪽 실력마저 잘 모르는 상태에서 싸운다면 매번 지는 것은 당연한 일이라는 것이다.

그러므로 우리는 늘 매사에 지피지기(知彼知己)하는 마음을 잊지 말아야 할 것이다. 그만큼 정보가 중요하다는 말이다.

3. 한자 뜯어보기

知 알 지

화살 시(矢)와 입 구(口)의 뜻이 합해진 글자이다. 화살처럼(矢) 상황을 정확히 꿰뚫어 말할(口) 수 있는 모양에서 '알다'는 뜻이 나왔다.

※ 지성(知性) : 알 지(知) 성질 성(性)으로, 지적인 품성.
　　例 그는 우리나라를 대표하는 知性人(인)이다. 나도 그런 知性人(인)이
　　　 되고 위해 노력하고 있다.
※ 인지(認知) : 알 인(認) 알 지(知)로, 어떤 사실을 분명히 앎.
　　例 그는 여전히 스스로 벌인 사태의 심각성을 제대로 認知하지 못하고
　　　 있는 듯하다.

彼 저 피

조금 걸을 척(彳)과 가죽 피(皮)자가 합해진 글자이다. 피(皮)자는 동물의 생가죽을 벗겨내는 모습으로, 가죽이나 겉이라는 뜻이다. 이에서 원래는 '길 바깥쪽을 걷다'라는 뜻이었으나, 지금은 '저, 저쪽, 그'와 같이 바깥쪽만을 가리킨다.

※ 피차(彼此) : 저 피(彼) 이 차(此)로, 저쪽과 이쪽.
　　例 그 일을 하면 彼此 똑같이 피해를 받는다.
※ 피안(彼岸) : 저 피(彼) 언덕 안(岸)으로, 저쪽 언덕.
　　例 불교에서는 彼岸의 너머에 이상세계가 있다고 말한다.

知 알 지

화살 시(矢)와 입 구(口)의 뜻이 합해진 글자이다. 화살처럼(矢) 상황을 정확히 꿰뚫어 말할(口) 수 있는 모양에서 '알다'는 뜻이 나왔다.

※ 지식(知識) : 알 지(知) 알 식(識)으로, 알고 있는 내용이나 사물.
  예 그는 정말 아는 知識이 풍부하다.

己 자기 기

己

구불구불한 이 글자의 유래에 대해서는 의견이 분분하다. 일부에서는 구부린 사람의 몸을 그린 것으로 보기도 하지만, 굽어 있는 새끼줄을 그린 것으로 해석하기도 한다. 하여튼 이 글자는 '자기, 몸'을 나타낸다.

※ 자기(自己) : 스스로 자(自) 몸 기(己)로, 자신의 몸.
  예 그는 自己가 직접 거기에 가보겠다고 하였다.

※ 극기(克己) : 이길 극(克) 자기 기(己)로, 자기의 감정이나 욕심 등을 의지력으로 이김.
  예 군대에 가면 훈련소에서 克己 훈련을 받는다.

4. 쓰임

* **지피지기(知彼知己)**면 백전백승이라 한다.

* **'지피지기(知彼知己)**면 백전불태'라는 손자의 가르침은 모든 장군이 지켜야 할 명언이다.

* 현대 스포츠 경기에서 모든 감독은 **'지피지기(知彼知己)**면, 백전불태'라는 말을 가슴에 새겨 상대방에 대한 정보를 더 많이 알고자 노력한다.

* 세상 돌아가는 형편을 알고 나의 능력을 알고 산다면 **지피지기(知彼知己)**라 할 수 있을까?

5. '바를 정' 자를 표시하며 한자 열 번씩 소리 내어 읽으며 외우기

知	彼	知	己
알 지	저 피	알 지	자기 기
正正	正正	正正	正正

6. 한자 따라 쓰며 익히기

8획	부수 矢	ノ ト ニ チ 矢 矣 知 知		
知	知			
알 지				
8획	부수 彳	′ ′ ′ ′ 彳 犭 犷 彼 彼		
彼	彼			
저 피				
8획	부수 矢	ノ ト ニ チ 矢 矣 知 知		
知	知			
알 지				
3획	부수 己	ㄱ ㄱ 己		
己	己			
자기 기				

셋째 마당 ⑤   익자삼우 益者三友

1. 한자 뿌리로 해석하기

益¹	者²	三³	友⁴	유익한(益) 자(者)
더할 익	놈 자	석 삼	벗 우	세(三) 종류의 벗(友)

'사귀어서 자기에게 유익한 세 부류의 벗'이라는 뜻으로, 정직한 사람, 인간의 도리를 지키는 사람, 지식이 있는 사람을 가리키는 말이다.

2. 유래

공자는 사람과 사람 사이의 관계를 매우 중요시하였다. 물론 사람을 사귈 때 너무 손익을 따진다면 쩨쩨하다고 할 수도 있겠다. 서양에는 '우정은 기쁨을 배가하고 비애를 나눈다'라는 속담이 있다. 동양에도 '죽마고우'나 '관포지교'나 '수어지교' 등 친구를 가족만큼 중요시하는 사자성어들도 많다. 성경에는 '사람이 친구를 위하여 목숨을 버리면 이보다 더 큰 사랑은 없다'고 한다. 이처럼 동서양 모두 친구를 중요시했다.

그러나 우리가 살면서 모든 사람을 다 친구로 만들 수는 없다. 그리고 세상에는 분명 좋은 사람들이 있는가 하면 나쁜 사람들도 있다. 그래서 우리는 가능하면 좋은 사람들과 친구가 되면 더 좋을 것이다.

특히 공자는 익자삼우(益者三友)라 하여, 보탬이 되는 친구를 다음과 같이 셋으로 말했다.

첫째, 정직한 사람을 친구로 삼으라고 했다. 사람은 믿음으로 서로 사귀기에 정직하지 않으면 그 사귐이 오래 갈 수 없기 때문이다.

둘째, 항상 성실한 사람을 친구로 삼으라고 했다.

셋째, 지식과 교양이 풍부한 사람을 친구로 삼으라고 했다. 지식과 교양이 풍부하면 아는 것이 많을 것이므로, 내가 그에게서 배울 것도 많을 것이기 때문일 것이다.

한편 아첨하기를 좋아하는 사람, 붙임성은 있으나 불성실한 사람, 그리고 말과 행동이 일치하지 않는 사람들은 멀리하라고 했다. 이들을 손자삼우(損者三友)라고 했다.

— 출처 : 『논어』

3. 한자 뜯어보기

益 더할 익

 물 수(水)와 그릇 명(皿)이 합해진 글자이다. 그릇에 물이 넘치는 모양에서 '넘치다, 더하다, 유익하다' 등의 뜻이 나왔다. 지금은 물 수(水)자를 알아보기 힘들지만, 갑골문에는 분명히 그릇 위에 물이 그려져 있다.

※ 이익(利益) : 이로울 리(利) 더할 익(益)으로, 이롭고 더하여 보탬이 됨.
例 그는 오직 자기의 利益만 생각하는 나쁜 사람이다.

※ 수익(收益) : 거둘 수(收) 더할 익(益)으로, 일을 하여 이익을 거두어들임.
例 그는 회사에 많은 收益을 올려주는 유능한 사원이다.

者 놈 자

원래 솥(曰)에다 콩(叔)을 삶는 모습의 그림으로, '삶다'가 원뜻이었다. 뒤에 '-하는 사람, -하는 것'으로 뜻이 바뀌어 지금처럼 쓰이고 있다.

※ 인자요산(仁者樂山) : 어질 인(仁) 사람 자(者) 좋아할 요(樂) 뫼 산(山)으로, 어진 사람은 산을 좋아한다.
例 仁者樂山이요, 지자요수(知者樂水)라는 말이 있다. 어진 사람은 산을 좋아하고, 지혜로운 사람은 물을 좋아한다는 말이다.

三 석 삼

二

나무막대기 3개를 늘어놓은 모습을 그려, '셋, 세 번, 거듭'이라는 뜻을 나타내었다.

※ 삼삼오오(三三五五) : 석 삼(三) 석 삼(三) 다섯 오(五) 다섯 오(五)로, 서너 사람 또는 대여섯 사람이 떼를 지어 다니는 모양.
예 학생들이 三三五五 떼를 지어 집으로 가고 있다.

友 벗 우

YY

갑골문을 보면 오른 손(又)이 나란히 그려져 있다. 이것은 친한 벗과 손을 맞잡고 있는 모습을 표현한 것으로, 이에서 '벗, 우애, 사귀다' 등의 뜻이 나왔다.

※ 우정(友情) : 벗 우(友) 뜻 정(情)으로, 친구 간에 느끼는 정.
예 친구 간의 友情은 무엇과도 바꿀 수 없을 만큼 중요하다.
※ 우애(友愛) : 벗 우(友) 사랑 애(愛)로, 벗이나 형제 사이의 정.
예 그들 형제는 남들이 부러워할 정도로 友愛가 두텁다.

4. 쓰임

* **익자삼우(益者三友)**라는 말이 있지만, 사람을 오래 사귀어 보기 전에는 그런 사람을 알아보는 것이 사실은 쉽지 않다.

* 그는 정직하니까 **익자삼우(益者三友)**에 속한다고 할 수 있다.

* 유유상종(類類相從)이라는 말이 있듯이, 내가 **익자삼우(益者三友)**에 들지 못한다면 나는 **익자삼우(益者三友)**를 만들 수 없을 것이다.

* 사귀어서 유익한 **익자삼우(益者三友)**가 있다고 한다. 그러면 사귀어서 손해를 볼 손자삼우(損者三友)에는 어떤 친구들이 있을까?

5. '바를 정' 자를 표시하며 한자 열 번씩 소리 내어 읽으며 외우기

益	者	三	友
더할 익	놈 자	석 삼	벗 우
正正	正正	正正	正正

6. 한자 따라 쓰며 익히기

10획	부수 皿	′ ′ ′′ ′′′ ′′′′ ′′′′′ 益 益 益 益			
益	益				
더할 익					
9획	부수 老	一 十 土 耂 耂 考 者 者 者			
者	者				
놈 자					
3획	부수 一	一 二 三			
三	三				
석 삼					
4획	부수 又	一 ナ 方 友			
友	友				
벗 우					

넷째 마당

이러지도 못하고, 저러지도 못하고

백중지세

우왕좌왕

속수무책

진퇴양난

우유부단

세상일이 복잡한 것 같지만, 따지고 보면 크게 두 가지 중에 하나를 선택하는 일이다. 모든 것이 그렇다.

아침에 일어날까 말까, 아침밥을 먹을까 말까, 학교에 갈까 말까, 버스를 탈까 걸어갈까, 공부할까 말까, 게임을 할까 말까 등등 두 가지 일 중에 하나를 선택하게 되어 있다.

그러나 두 가지 일의 비중이 비슷해서 정말 선택하기 힘든 상황도 있다. 공부도 하고 싶고, 게임도 하고 싶고…, 두 가지 일 중에 어느 것을 선택할 수 없을 만큼 비슷할 때가 있다.
- 백중지세(伯仲之勢)

그래서 우리는 이리할까 저리할까 하고 망설이는 경우가 있다. 이것을 하는 게 좋을 것 같기도 하고, 저것을 하는 게 좋을 것 같기도 하고. 그래서 이리저리 방황한다.
- 우왕좌왕(右往左往)

이처럼 무슨 결단을 내리지 못하고 이리저리 헤매는 때가 있다.

그러나 어떤 특별한 경우에는 어떻게 손을 써볼 수 없는 경우도 있다. 선택의 여지가 없는 것이다. 학교를 가야 하는데 갑자기 폭설이 쏟아져 버스가 올스톱했다든가, 아니면 도둑놈이 지갑을 훔쳐 너무 빨리 도망가는 바람에 도저히 따라가지 못하고 멍하니 쳐다볼 수밖에 없는 경우도 있다. 이런 걸 운명으로 돌려야 할까?
- 속수무책(束手無策)

세상 살다 보면 이렇게 어쩔 수 없는 일도 있는 것이다.

또 살다 보면 이럴 수도 없고 저럴 수도 없는 경우도 있다. 편리한 문화생활을 하자니 환경이 파괴되고, 그렇다고 환경을 살리기 위해서 문화생활을 포기하고 다시 원시생활로 되돌아갈 수도 없다.   - 진퇴양난(進退兩難)

살다 보면 이렇게 나갈 수도 없고 물러설 수도 없는 경우가 있다.

이처럼 세상 살다 보면 어찌할 수 없는 경우도 많다. 속수무책이나 진퇴양난이라면 어쩔 수 없다 해도, 우리가 결정할 수 있는 건 바르고 신속하게 결정하는 게 좋다. 그래서 아까운 시간을 우왕좌왕하면서 보내지 말아야 한다.

우물쭈물하고 망설이며 결정을 내리지 못하는 것은 인생 최대의 적임을 명심해야 할 것이다.   - 우유부단(優柔不斷)

매 순간 최고의 선택을 위하여!

1. 한자 뿌리로 해석하기

伯 1	仲 2	之 3	勢 4	맏이(伯)와 둘째(仲)의(之)
맏 백	버금 중	어조사 지	형세 세	비슷한 형세(勢)

　'누구를 형이라 하고, 누구를 아우라 하기 어렵다'는 뜻으로, 형제인 장남과 차남의 사이처럼 큰 차이가 없는 형세를 이르는 말이다. 즉 우열의 차이가 없이 엇비슷함을 이르는 말이다.

2. 유래

　중국에서는 형제의 순서를 첫째를 백(伯), 둘째를 중(仲), 셋째를 숙(叔), 넷째를 계(季)라고 부른다. 따라서 백중지세(伯仲之勢)는 첫째와 둘째처럼 세력이 비슷하여 서로 우열을 가리기 힘들 때 하는 말이다.

　이 말은 중국 한나라 때의 대문장가인 부의(傅毅)와 반고(班固)의 문장 실력이 너무 비슷하여 우열을 가릴 수 없는 데서 유래한 말이다.

　당시 사람들이 이 두 사람을 두고 이렇게 말하였다.

　'문인들이 서로를 대수롭지 않거나 무시하는 것은 예로부터 그러하였다. 그러나 부의와 반고의 실력은 백중지간(伯仲之間)이다.'

　여기서 서로 우열을 가릴 수 없다는 뜻의 '백중지간'이라는 말이 나왔다. 이후 서로 우열을 가릴 수 없을 때 백중지세(伯仲之勢)라고 말한다.

－ 출전 : 『전론』

3. 한자 뜯어보기

伯 맏 백

사람 인(人)과 흰 백(白)이 합해진 글자이다. 여기서 백(白)자는 엄지손가락을 나타내는 글자로 '으뜸'을 상징한다. 따라서 으뜸(白) 되는 사람(亻, 人), 즉 '맏형, 장자, 우두머리'를 뜻한다.

※ 백부(伯父) : 맏 백(伯) 아버지 부(父)로, 아버지의 형으로, 큰아버지.
　　예 그는 나의 伯父가 되신다.
※ 도백(道伯) : 길 도(道) 맏 백(伯)으로, 조선 시대에는 각 도의 관찰사를
　　일컫는 말. 현대는 도지사를 일컫기도 함.
　　예 그는 경기도 道伯을 지냈다.

仲 버금 중

사람 인(人)과 가운데 중(中)가 합해진 글자이다. 맏이와 막내의 중간에 있는 형제로, 본래 둘째 형을 가리키기 위해서 만들어진 글자이다. 그러나 현대에는 '중간, 중재하다'라는 뜻으로 많이 쓰인다.

※ 중재(仲裁) : 가운데 중(仲) 마름질할 재(裁)로, 서로 다투는 사이에 들어
　　가서 화해시킴.
　　예 그는 친구들 간에 다툼이 벌어지면 仲裁를 잘한다.
※ 중개(仲介) : 가운데 중(仲) 끼일 개(介)로, 둘 사이에 끼어들어 일을 주선함.
　　예 그는 결혼 仲介 업소를 운영한다.
※ 중추(仲秋) : 가운데 중(仲) 가을 추(秋)로, 가을이 한창인 때를 말함.
　　예 음력 팔월을 仲秋라고도 한다.

之 어조사 지

여기서는 무엇 '- 의' 라는 관형격 조사로 쓰였다.

勢 형세 세

심을 예(埶)와 힘 력(力)이 합해진 글자이다. 씨앗을 심으면(埶) 싹이 나와 날로 힘차게(力) 자라나므로, 여기서 '형세'라는 뜻이 나왔다.

※ 세도(勢道) : 권세 세(勢) 길 도(道)로, 권세를 누리는 길에 들어섬.
   예 그는 권력을 잡더니 바로 勢道를 부리기 시작한다.

※ 권세(權勢) : 권세 권(權) 세력 세(勢)로, 권력과 세력을 아울러 이르는 말.
   예 그는 드디어 그렇게 추구하던 權勢를 잡았다.

4. 쓰임

* 이번에 경기를 벌이는 두 팀은 모든 면에서 **백중지세(伯仲之勢)**여서 승부를 쉽게 예측하기 어렵다.

* 그 집의 형과 아우는 둘 다 운동을 잘해서 문자 그대로 **백중지세(伯仲之勢)**라 하겠다.

* 연말 가요제에 나온 모든 가수의 노래 실력이 **백중지세(伯仲之勢)**여서 심사위원들이 심사를 어려워했다.

* 마지막 결승전까지 올라온 두 사람은 모든 면에서 **백중지세(伯仲之勢)**여서 쉽게 승부가 나지 않았다.

* 나와 한자 실력이 **백중지세(伯仲之勢)**인 사람이 누구인지 한번 찾아보기로 하자.

5. 유의어

백중지간(伯仲之間) : 백중지세(伯仲之勢)와 같은 말.

백중세(勢) : 백중지세(伯仲之勢)와 같은 말.

6. '바를 정' 자를 표시하며 한자 열 번씩 소리 내어 읽으며 외우기

伯	仲	之	勢
맏 백	버금 중	어조사 지	형세 세
正正	正正	正正	正正

7. 한자 따라 쓰며 익히기

7획	부수 人	ノ 亻 亻 伯 伯 伯 伯		
伯	伯			
맏 백				
6획	부수 人	ノ 亻 亻 仲 仲 仲		
仲	仲			
버금 중				
4획	부수 丿	、 亠 亠 之		
之	之			
어조사 지				
13획	부수 力	一 十 土 圡 坴 坴 坴 埶 埶 埶 勢 勢		
勢	勢			
형세 세				

넷째 마당 ②   우왕좌왕 右往左往

1. 한자 뿌리로 해석하기

右¹	往²	左³	往⁴	오른쪽(右)을 갔다가(往)
오른쪽 우	갈 왕	왼쪽 좌	갈 왕	다시 왼쪽(左)으로 감(往).

'오른쪽으로 갔다가 왼쪽으로 갔다'가 하며, 나아갈 바를 정하지 못하는 모양이다. 즉 사방(四方)으로 왔다 갔다 하면서 시간만 허비하는 것을 말한다.

2. 도움말

우리가 길을 가려면 먼저 가는 곳을 정해야 한다. 즉 목적지가 있어야 갈 길이 정해지고 방향을 잡을 수 있다. 그러나 목적 없이 길을 나선다면 어떻게 될까? 우왕좌왕(右往左往)할 수밖에 없다.

이 말은 결국 살아가면서 항상 목표와 목적을 정하고 살아가라는 말과 다름없다. 인생은 짧다. 그러므로 우리가 하고 싶은 일을 다 하기 위해서는 목적지를 향해 꾸준히 나아가야 한다. 우왕좌왕해서는 안 된다.

인생 목표는 큰 목표도 있고 중간 목표도 있고 작은 목표도 있다. 즉 평생에 걸쳐 이루어야 할 큰 목표가 있다고 하면, 그 일을 이루기 위해 올해 해야 하는 중간 목표가 있는가 하면, 나아가 이달에 해야 할 일, 이번 주에 해야 할 일, 오늘 해야 할 일 등, 작은 목표도 있을 수 있는 것이다.

늘 오늘 해야 할 작은 일부터 열심히 한다면 언젠가는 큰 목적지에 이를 수 있을 것이다.

3. 한자 뜯어보기

右 오른쪽 우

오른손의 모습을 그린 것에서 '오른손, 오른쪽, 귀하다'란 뜻이 나왔다.

※ 우측통행(右側通行) : 오른쪽 우(右) 곁 측(側) 통할 통(通) 다닐 행(行)으로, 오른쪽으로 다님.
  예 자동차도로가 좌측통행에서 右側通行으로 바뀌었다.
※ 우익(右翼) : 오른쪽 우(右) 날개 익(翼)으로, 야구에서, 외야의 오른쪽에 있는 수비 위치. 또는 그 위치에 있는 수비수
  예 그는 학교 야구부에서 右翼수를 맡았다.

往 갈 왕

조금 걸을 척(彳)과 주인 주(主)가 합해진 글자이다. 어떤 주체(主)가 길을 가는(彳) 것에서 '가다'는 뜻이 나왔다.

※ 왕래(往來) : 갈 왕(往) 올 래(來)로, 오고 감.
  예 그들은 서로 往來가 잦다.
※ 왕복(往復) : 갈 왕(往) 돌아올 복(復)으로, 갔다가 되돌아옴.
  예 나는 往復 승차권을 구입했다.

左 왼쪽 좌

왼손을 나타내는 그림인데, 이후 이것이 왼손임을 더욱 명확하게 보이기 위해 두 점을 찍었다. 두 점은 장인 공(工)자가 되었으니, '왼손'이 원래 뜻이고, 이후 '왼쪽, 곁'의 뜻이 나왔다.

※ 좌파(左派) : 왼쪽 좌(左) 갈래 파(派)로, 급진적인 사상을 가진 무리.
  예 그는 크게 보면 左派에 속한다고 하겠다.
※ 좌천(左遷) : 왼쪽 좌(左) 옮길 천(遷)으로, 낮은 관직이나 지위로 떨어지는 것을 비유한 말.
  예 그는 최근에 左遷해서 기분이 좋지 않다.

往 갈 왕

조금 걸을 척(彳)과 주인 주(主)가 합해진 글자이다. 어떤 주체(主)가 길을 가는(彳) 것에서 '가다'는 뜻이 나왔다.

※ 설왕설래(說往說來) : 말씀 설(說) 갈 왕(往) 말씀 설(說) 올 래(來)로, 서로 반론을 주고받으며 옥신각신함. 또는 말이 오고 가며 서로 다툼.
　　예 그들은 만날 때마다 說往說來하면서 결론도 내지 못하며 시간만 낭비했다.

4. 쓰임

* 화재 비상벨이 울리자 건물 안의 사람들이 갑자기 **우왕좌왕(右往左往)**하기 시작했다.

* 제정신을 차리지 못하고 **우왕좌왕(右往左往)**하면 시간만 낭비하게 될 뿐이다.

* 그는 어느 대학으로 갈지 정하지 못하고 **우왕좌왕(右往左往)**하면서 아까운 시간만 낭비하고 있다.

* 사람들은 인생의 목표를 정하지 못하고 **우왕좌왕(右往左往)**하다가 일생을 헛되이 보내는 사람들이 의외로 많다.

* 인생은 짧다. 그러므로 **우왕좌왕(右往左往)**하면서 보낼 시간이 없으니 늘 목표를 정하고 그 일에 매진해야 한다.

5. 반의어

초지일관(初志一貫) : 처음 세운 뜻을 이루려고 끝까지 한결같이 밀고 나가는 것을 말한다.

시종여일(始終如一) : 처음이나 끝이 한결같아서 언제까지나 변함이 없음.

6. '바를 정' 자를 표시하며 한자 열 번씩 소리 내어 읽으며 외우기

右	往	左	往
오른쪽 우	갈 왕	왼쪽 좌	갈 왕
正正	正正	正正	正正

7. 한자 따라 쓰며 익히기

5획	부수 口	ノ ナ ナ 右 右		
右	右			
오른쪽 우				
8획	부수 彳	ノ ノ イ イ イ 行 往 往		
往	往			
갈 왕				
5획	부수 工	一 ナ ナ ナ 左		
左	左			
왼쪽 좌				
8획	부수 彳	ノ ノ イ イ イ 行 往 往		
往	往			
갈 왕				

넷째 마당 ③   속수무책 束手無策

1. 한자 뿌리로 해석하기

束 2	手 1	無 4	策 3	손(手)이 묶여(束)
묶을 속	손 수	없을 무	꾀 책	방법(策)이 없음(無).

 '손이 묶여서 어찌할 방도가 없다'는 뜻으로, 뻔히 보면서도 어찌할 바를 모르고 꼼짝 못 한다는 뜻이다.

2. 도움말

 속수무책(束手無策)은 손이 묶여서 어떤 대책도 세울 수 없다는 뜻이다. 뻔히 보면서도 어쩔 수 없이 당할 수밖에 없는 것을 말한다.

 손이 묶이면 어떻게 될까? 사람이 손이 묶이면 아무것도 제대로 할 수 없다. 집에 도둑이 들어오더라도 그대로 당할 수밖에 없을 것이다. 이렇게 눈으로 보면서도 어찌할 도리가 없어서 발만 동동 구르는 처지를 속수무책이라고 한다.

 세상 살다 보면 종종 이런 일을 당할 수 있다. 결국 힘이 없기 때문이다. 이는 개인뿐만 아니라 나라도 마찬가지이다.

 조선 후기 고종은 나라 이름을 대한제국으로 고치고, 왕을 황제라 칭하고 거창하게 새 출발을 하려 했지만, 이웃 나라 일본은 이미 청나라와 러시아를 물리친 기세로 우리나라를 강탈하려 했다. 그래서 1905년, 을사늑약이 체결되었다. 말이 보호이지 사실은 자기들 마음대로 하겠다는 것이었다. 그때 우리는 힘이 없어 속수무책으로 당할 수밖에 없었다. 국제사회에서는 말은 그럴듯하게 포장하지만 결국은 힘이 지배하는 약육강식의 세계임을 알고 우리 모두 나라의 힘을 키우는데 게을리해서는 안 된다. 그렇지 않으면 또 속수무책으로 당할 수밖에 없을 것이다.

3. 한자 뜯어보기

束 묶을 속

갑골문에는 나뭇단을 묶어 놓은 그림을 그려 놓았다. 나무 목 (木)과 입 구(口)가 합해진 글자이다. 여기서 입 구(口)는 나뭇단 을 묶어 놓은 끈 모양을 말한다. 여기서 '묶다'는 뜻이 나오고, '약속'의 뜻으로도 쓰인다.

※ 약속(約束) :묶을 약(約) 묶을 속(束)으로, 앞으로의 일을 미리 정하여 둠.
  예 그는 約束을 잘 지키는 성실한 사람이어서 주위에 평판이 매우 좋
     다.
※ 단속(團束) : 둥글 단(團) 묶을 속(束)으로, 법을 잘 지키도록 통제함.
  예 경찰은 자동차가 교통법규를 잘 지키는지를 團束한다.

手 손 수

손가락을 편 모양을 그린 것인데, 뒤에 지금의 글자 모양으로 되었다. 여기서 '손'이란 뜻이 나왔다.
  ※ 실수(失手) : 잃을 실(失) 손 수(手)로, 조심하지 않아 잘못함.
  예 매사에 失手가 없어야 한다.
※ 기수(騎手) : 말 탈 기(騎) 손 수(手)로, 말을 타는 사람.
  예 훌륭한 騎手라도 말에서 떨어지는 일이 종종 있다.

無 없을 무

원래 갑골문에서 두 손에 깃털을 들고 춤추는 모양을 그린 글 자이다. 춤을 출 때는 지위나 신분이나 남녀노소의 구분이 없다 는 데서 '없다'라는 뜻이 나왔다고 본다.

※ 유비무환(有備無患) : 있을 유(有) 갖출 비(備) 없을 무(無) 근심 환(患)으로, 미리 대비하여 갖추면 근심거리가 없게 됨.
  예 국가지도자는 항상 有備無患의 자세로 국민의 생명과 재산을 지켜야
     한다.

策 꾀 책

대나무 죽(竹)과 가시 자(朿)가 합해진 글자이다. 본래 대나무로 만든 채찍을 말한다. 이후 '꾀, 책략, 의견' 등의 뜻으로 바뀌었다. 채찍도 책략에 따라 달라야 한다는 것일까?

※ 정책(政策) : 정치 정(政) 꾀 책(策)으로, 정치적 목적을 실현하기 위한 책략.
　　예 정당은 政策이 훌륭해야 한다.
※ 대책(對策) : 대할 대(對) 꾀 책(策)으로, 어떤 일에 대응하는 방안.
　　예 정부는 시급히 저출산에 대한 對策을 세워서 실행해야 한다.
※ 산책(散策) : 흩을 산(散) 꾀 책(策)으로, 가벼운 기분으로 바람을 쐬며 이리저리 거닒.
　　예 그는 최근 매일 아침 동네를 한 바퀴를 散策하며 사람들에게 인사를 하고 다닌다.

4. 쓰임

* 그는 한번 고집을 부리기 시작하면 누구의 말도 듣지 않고 버티니 우리도 **속수무책(束手無策)**일 수밖에 없다.

* 등산하다가 너무 갑작스러운 폭우를 만나 우리는 **속수무책(束手無策)**으로 그냥 비를 맞을 수밖에 없었다.

* 도둑이 훔친 물건을 들고 얼마나 빨리 달아나던지, 그냥 **속수무책(束手無策)**으로 멀거니 바라보고만 있을 뿐이었다

* 무능한 가장인 그는 식구들이 거의 굶고 있지만, **속수무책(束手無策)**으로 바라볼 뿐이었다.

* 이번 워크숍에서는 부사장은 세계 경기가 불황이지만 회사가 **속수무책(束手無策)**으로만 있지 말고 더욱 열심히 일하자고 했다.

6.'바를 정' 자를 표시하며 한자 열 번씩 소리 내어 읽으며 외우기

束	手	無	策
묶을 속	손 수	없을 무	꾀 책
正正	正正	正正	正正

6. 한자 따라 쓰며 익히기

7획	부수 木	一 厂 厂 币 卣 束 束		
束	束			
묶을 속				
4획	부수 手	一 二 三 手		
手	手			
손 수				
12획	부수 火, 灬	ノ 丿 二 乍 乍 無 無 無 無 無 無		
無	無			
없을 무				
12획	부수 竹	ノ 丿 竺 竹 笊 笊 竺 竺 笁 第 第 策		
策	策			
꾀 책				

1. 한자 뿌리로 해석하기

進 1	退 2	兩 3	難 4
나아갈 진	물러날 퇴	두 양	어려울 난

앞으로 나가기도(進)
뒤로 물러나기도(退)
둘 다(兩) 어려움(難).

'앞으로 나아갈 수도, 뒤로 물러설 수도 없는 어려운 궁지에 몰린 것'을 말한다.

2. 도움말

진퇴양난(進退兩難)은 앞으로 나아갈 수도 없고 뒤로 물러설 수도 없는 어려운 상황을 말한다. 이러지도 못하고 저러지도 못하는 난처한 지경에 빠진 것이다. 우리 속담에 '빼도 박도 못한다'가 바로 이런 경우가 아닐까 한다. 살다 보면 이런 경우를 당하는 때도 있다.

이런 경우에는 어떻게 해야 할까? '시간이 약이다'라는 말이 있다. 시간이 모든 것을 해결해 준다는 말이다. 사실이 그렇다. 왜냐하면 시간이 지나면 모든 상황이 변하기 때문이다.

우리가 사는 세계는 시간이 흐르면 모든 게 변한다. 계절도 시간이 가면 변한다. 봄이 가면 여름이 오고, 여름이 가면 가을이 온다. 또 가을이 가면 겨울이 오고, 겨울이 가면 다시 봄이 온다. 아무리 추운 겨울도 시간이 지나면 따뜻한 봄으로 바뀌기 마련이다. 마찬가지로 모든 상황은 시간이 가면 바뀌게 되어 있는 것이다. 무엇이든 고정된 것은 없다. 불교에서는 이를 무상(無常)이라고 한다. 늘 같지 않고 끊임없이 변한다는 말이다.

그래서 도저히 어떻게 할 수 없을 때는 상황이 바뀔 때까지 자기가 할 수 있는 일을 하면서 꾸준히 참고 기다리는 수밖에 없다. 그러면 언젠가는 좋을 때가 올 것이다. 진인사대천명(盡人事待天命)이다. 참는 자에게 복이 있다.

3. 한자 뜯어보기

進 나아갈 진

쉬엄쉬엄 갈 착(辶)과 새 추(隹)가 합해진 글자이다. 새(隹)가 쉬엄쉬엄 날아가듯이(辶), 앞으로 '나아가다, 올라가다'의 뜻이다.

※ 진학(進學) : 나아갈 진(進) 배울 학(學)으로, 배움의 길에 나아감.
　　예 그는 늦은 나이에 대학에 進學했다.
※ 전진(前進) : 앞 전(前) 나아갈 진(進)으로, 앞으로 나아감.
　　예 우리 부대는 前進만 있지 후퇴는 없다.

退 물러날 퇴

쉬엄쉬엄 갈 착(辶)과 그칠 간(艮)이 합해진 글자이다. 하던 일을 그치고 (艮) 천천히 돌아가는(辶) 모습에서, '물러가다'의 뜻이 나왔다.

※ 후퇴(後退) : 뒤 후(後) 물러날 퇴(退)로, 뒤로 물러남.
　　예 군대는 後退를 모르고 오로지 전진해야 한다.
※ 격퇴(擊退) : 칠 격(擊) 물러날 퇴(退)로, 적을 쳐서 물리침.
　　예 우리는 적을 반드시 擊退해야 한다.

兩 두 양

저울추 두 개가 나란히 매달려 있는 모습이다. 여기서 '둘, 한 쌍'의 뜻이 나왔다.

※ 양측(兩側) : 두 양(兩) 곁 측(側)으로, 양쪽의 측면. 두 편.
　　예 도로 兩側에 가로수가 심어 있다.
※ 양반(兩班) : 두 양(兩) 나눌 반(班)으로, 점잖고 예의 바른 사람. 조선 시대에는 문반과 무반, 이 둘을 양반이라 했다.
　　예 우리나라는 兩班 가문의 후손이 아닌 사람이 없다. 왜 그럴까?

難 어려울 난

진흙 근(堇)과 새 추(隹)가 합해진 글자이다. 원래는 새 이름이었으나, 뒤에 진흙(堇)에 빠진 새(隹)의 모습에서 이제 날기가 '쉽지 않다, 어렵다' 등의 뜻이 나왔다.

※ 난제(難題) : 어려울 난(難) 문제 제(題)로, 풀기 어려운 문제.
  예 그는 難題에 부딪쳤다.
※ 곤란(困難) : 괴로울 곤(困) 어려울 난(難)으로, 괴롭고 어려움.
  예 지금은 외출하기가 困難하다.

4. 쓰임

* 출근길에 앞에서 사고가 나서 차가 막히는 바람에 앞으로 나갈 수도 뒤로 물러날 수도 없는 문자 그대로 **진퇴양난(進退兩難)**이었다.

* 사람이 살다 보면 이럴 수도 저럴 수도 없는 **진퇴양난(進退兩難)**의 경우를 만날 수도 있단다.

* 정부가 높은 물가를 잡기 위해 지출을 줄이면 경기가 침체하고, 경기를 부양하기 위해 지출을 늘리면 물가가 오르게 되니 **진퇴양난(進退兩難)**이다.

* 현대문명의 편리함과 환경오염 사이에서 인류는 **진퇴양난(進退兩難)**의 어려움에 부닥쳐 있다.

5. 유의어

낭패불감(狼狽不堪) : 어렵고 난감한 처지에 있음.

진퇴유곡(進退維谷) : 앞으로도 뒤로도 나아가거나 물러서지 못하다 라는 뜻으로, 궁지에 빠진 상태.

6. '바를 정' 자를 표시하며 한자 열 번씩 소리 내어 읽으며 외우기

進	退	兩	難
나아갈 진	물러날 퇴	두 양	어려울 난
正正	正正	正正	正正

7. 한자 따라 쓰며 익히기

12획	부수 辶	ノ　イ　彳　代　作　作　隹　隹　隹　進							
進 進									
나아갈 진									
10획	부수 辶	ｱ　ｱ　ョ　尸　艮　艮　退　退　退							
退 退									
물러날 퇴									
8획	부수 入	一　厂　冂　雨　雨　雨　雨　雨							
雨 雨									
두 양									
19획	부수 隹	一　十　艹　艹　艹　苩　苩　苩　堇　莫　莫　莫　蓳　蓳　難　難　難							
難 難									
어려울 난									

넷째 마당 ⑤   우유부단 優柔不斷

1. 한자 뿌리로 해석하기

優¹	柔²	不⁴	斷³	마음이 넉넉하고(優)
넉넉할 우	부드러울 유	아닐 부	끊을 단	부드러워(柔)

마음이 넉넉하고(優)
부드러워(柔)
결단(斷)하지 못함(不).

　'사람이 마음이 모질지 못해 어물어물하면서 딱 잘라 결정하지 못하는 것'을 말한다.

2. 도움말

　우유부단(優柔不斷)은 인생 최대의 적이다. 어떤 기회가 왔을 때 바로 결정하지 못하고 미적거리다가 보면 좋은 기회를 놓치기 때문이다.

　전쟁에서도 마찬가지다. 장군은 군사를 움직일 때, 우물쭈물 결단을 미루는 것은 최악의 전술이다. 중국의 삼국시대 위나라의 등애는 군사를 이끌고 사람이 다니지 않는 산속을 7백 리나 행군하여 강유를 점령했다.

　한편 등애의 침공을 저지하라는 명령을 받은 촉한의 제갈첨은 군사를 이끌고 부성까지 도달했으나 더는 나가려고 하지 않았다. 빨리 진군하여 앞에 있는 요새지를 점령하여 등애가 평야 지대로 들어오는 걸 저지하자는 부하의 요청을 받았으나 결정을 미루고 미적대고 있었다. 그 결과 등애는 아무런 저지도 받지 않고 요충지인 부성까지 진격해 들어가서 촉한과 결전을 벌였고, 등애가 승리했으며 제갈첨은 전사하고 말았다.

　이처럼 전쟁에서도 우유부단한 장군은 패배하기 마련이다. 그래서 미국 해군대학의 교재에는 이런 구절이 있다 한다.

　'전쟁 상태에 들어가면 지휘관의 지력보다도 용기가 상황을 결정짓는다.'

　전쟁에서는 무엇보다 용감하게 결단하는 것이 중요하다는 말이다.

우리 속담에도 '간다 간다 하면서 아이 셋 낳고 간다.'는 말이 있다. 그 만두겠다거나 가겠다거나 무엇을 하겠다고 말로만 할 뿐, 결단을 내리지 못함을 비웃으며 하는 말이다.

3. 한자 뜯어보기

優 넉넉할 우

뜻을 나타내는 사람 인(人)과 음을 나타내는 근심할 우(憂)가 합해서 형성된 문자이다. 사람이 근심에 쌓여 느릿하게 걸어가는 모습에서, '넉넉하다, 풍족하다'는 뜻이 나왔다. 이후 '뛰어나다, 아름답다' 등의 뜻도 나왔다.

※ 우수(優秀) : 뛰어날 우(優) 빼어날 수(秀)로, 뛰어나고 빼어남.
　　예 優秀한 학생은 하나를 가르치면 열을 안다.
※ 우열(優劣) : 뛰어날 우(優) 못할 렬(劣)로, 우수함과 열등함
　　예 이번 대회에서 프로야구팀들의 진정한 優劣이 가려진다.

柔 부드러울 유

창 모(矛)와 나무 목(木)이 합해진 글자이다. 창(矛) 자루로 사용하는 나무 (木)는 부드러워야 한다는 데서, '부드럽다'는 뜻이 나왔다.

※ 유순(柔順) : 부드러울 유(柔) 순할 순(順)으로, 성질이 부드럽고 온순함.
　　예 내 여동생은 참 柔順한 편이다.
※ 온유(溫柔) : 따뜻할 온(溫) 부드러울 유(柔)로, 마음씨가 따뜻하고 부드러움.
　　예 그는 마음씨가 溫柔하다.

不 아닐 부

이 글자의 어원에 대해서는 의견들이 분분하다. 『설문해자』라는 책에서는 새가 하늘을 날아오르는 모습을 그린 것인데, 올라가서 내려오지 않았기에 '아니다'라는 부정의 뜻이 나왔다고 한다.

※ 부족(不足) : 아닐 부(不) 넉넉할 족(足)으로, 넉넉하지 않음, 모자람.
　예 오늘 사람들이 많이 오니, 밥이 不足하지 않게 넉넉하게 해라.
※ 부동산(不動産) : 아닐 부(不) 움직일 동(動) 재물 산(産)으로, 토지나 건물
처럼 움직이지 않는 성질의 재산.
　예 한국은 슬프게도 생산 활동을 해서가 아니라 不動産으로 돈을 벌려는
사람들이 많은 것 같다.

斷 끊을 단

이을 계(繼)의 생략형 글자에 도끼 근(斤)이 합해진 글자이다. 이은 것(繼)
을 도끼(斤)로 '가르다, 끊다'는 뜻이다.

※ 판단(判斷) : 판가름할 판(判) 끊을 단(斷)으로, 판가름하여 단정함.
　예 판사는 재판에 임하여 늘 정확한 判斷을 해야 한다.
※ 분단(分斷) : 나눌 분(分) 끊을 단(斷)으로, 둘로 나누어 끊음.
　예 한국은 슬프게도 分斷 국가이다.

4. 쓰임

* 한 나라의 지도자는 결코 **우유부단(優柔不斷)**해서는 안 된다.

* 나는 **우유부단(優柔不斷)**한 사람을 제일 싫어한다.

* 인생 최대의 적은 **우유부단(優柔不斷)**임을 잊지 말아야 한다.

* 내 동생은 **우유부단(優柔不斷)**해서 아직도 자신의 진로를 결정하지 못하
고 있다.

* 사장이 **우유부단(優柔不斷)**하여 그 일에 결정을 빨리 내리지 못하는 바
람에 결국 회사와 직원들이 피해를 보았다.

* 그는 스스로 성격이 **우유부단(優柔不斷)**하다는 것을 누구보다도 싫어하
지만 정작 고치지는 못했다.

5. '바를 정' 자를 표시하며 한자 열 번씩 소리 내어 읽으며 외우기

優	柔	不	斷
넉넉할 우	부드러울 유	아닐 부	끊을 단
正正	正正	正正	正正

6. 한자 따라 쓰며 익히기

17획	부수 人	ノ イ 亻 亻 仵 仵 俨 俨 俨 俨 優 優 優 優 優 優 優 優					
優 優							
넉넉할 우							
9획	부수 木	▼ ▼ 圣 圣 承 柔 柔 柔					
柔 柔							
부드러울 유							
4획	부수 一	一 フ 不 不					
不 不							
아닐 부							
18획	부수 斤	幺 幺 幺 幺 丝 丝 丝 丝 丝 丝 丝 丝 斷 斷 斷 斷 斷 斷					
斷 斷							
끊을 단							

다섯째 마당

멈출 수 없는 기세

인간세계를 좀 거칠게 말하면 일종의 전쟁터라고도 할 수 있다. 우리가 TV에 나오는 '동물의 왕국'을 보면, 동물 세계는 약육강식의 전쟁터임을 알 수 있다. 인간도 크게 보면 동물임을 부인할 수 없으므로, 약육강식의 세계에 산다고도 할 수 있을 것이다.

상대를 이기기 위해서는 무엇이 필요할까? 먼저 무엇보다 상대편보다 기세가 세야 한다. 강한 기세로 기선을 제압해야 한다. 기세란, 좀 쉽게 이야기하면 육체적 힘과 정신적 힘을 합해서 말한다고 할 수 있다.
- 호연지기(浩然之氣)

기세란 진정한 용기라고도 할 수 있다. 진정한 용기란 어떤 것일까? 진정한 용기란 천지자연과 하나가 된 상태이다. 그러기 위해서는 하늘을 우러러 한 점 부끄러움이 없고, 땅을 굽어 한 점 부끄러움이 없어야 한다. 이때 하늘과 땅 사이에 가득 찬 정기를 얻을 수 있다. 천지인이 하나가 되었기 때문이다. 이때 언제 어디서나 마음이 움직이지 않는 진정한 용기가 솟아오른다. 불굴의 기세란 이런 것이다.

시작이 반이란 말이 있다. 무슨 일이든지 시작이 어렵다는 말이다. 그러므로 일단 시작하면 반 이상 일을 한 거나 다름없다. 그러므로 일이란 일단 시작하고 볼 일이다. 그리고 일단 시작하면, 우물쭈물하거나 쉬지 말고 밀어붙여 끝장을 봐야 한다.
- 파죽지세(破竹之勢)

이처럼 일을 할 때는 목표에 도달할 때까지 끊임없이 밀어붙이는 기세가 필요하다. 그렇게 하다 보면 어느새 일이 한꺼번에 다 풀리게 된다. 중간에 어물쩍거리면 죽도 밥도 안 된다. 끝까지 밀어붙여야 한다.

-일사천리(一瀉千里)

우물쭈물하지 말고 밀어붙이면 단번에 목표에 도달할 수 있다. 이때는 가속도의 법칙이 적용된다. 가속이 붙는다. 모든 일에 그냥 가지 말고 가속을 붙여 나가야 한다. 가속도란 모든 일에 가능하다. 가속을 붙이면 그 속도는 무섭게 증가한다.

하지만 일이 잘된다고 방심해서는 안 된다. 세상이 내 마음대로 되는 곳만은 아니다. 일하다 보면 생각지도 못한 어려운 고비도 만날 수도 있다. 그때는 배수의 진을 쳐야 한다. 한마디로 죽기 아니면 살기다. 그런 기세로 나가면 모든 걸 극복할 수 있다.

-배수지진(背水之陣)

이렇게 불굴의 용기를 가지고 꾸준히 전진하다 보면 백번 싸워서 백번 이길 수 있다.

- 백전백승(百戰百勝)

백전백승을 위하여!

다섯째 마당 ①   호연지기 浩然之氣

1. 한자 뿌리로 해석하기

浩¹	然²	之³	氣⁴	넓고 큰(浩) 그러한(然)
넓을 호	그러할 연	어조사 지	기운 기	모양의(之) 기운(氣).

'하늘과 땅 사이에 가득 차 있는 넓고 큰 기운'이란 뜻이다.

이 말은 맹자가 한 말인데, 공명정대하여 하늘과 땅과 사람들에게 조금도 부끄럼 없는 마음에서 나오는 진정한 용기를 말한다.

2. 유래

맹자가 제나라에서 제자 공손추와 나눈 대화에서 호연지기(浩然之氣)가 나온다.

공손추가 물었다.

"호연지기가 무엇입니까?"

맹자가 대답했다.

"호연지기는 평온하고 너그럽고 온화한 기운을 말한다. 이 기운은 매우 광대하고 강건하며 올바르고 솔직한 것으로서 이것을 해치지 않도록 기르면, 하늘과 땅 사이에 넘치는 우주 자연과 하나가 되는 경지이다. 이 기운은 의(義)와 도(道)를 따라 길러지며 이것을 잃으면 시들고 만다. 이것은 자신 속에 올바른 것을 쌓아 올림으로써 생겨나는 것이다."

여기서 '호연(浩然)'은 넓고 큰 모습을 형용하는 말이다. 그러므로 '호연지기(浩然之氣)'는 넓고 큰, 즉 왕성하게 뻗친 기운이라는 뜻이다. 맹자는 흔들리지 않는 굳은 마음을 얻는데 이 호연지기를 기르는 것이 필요하다고 한다. 그러므로 호연지기는 단순한 육체적 기운만이 아니다. 호연지기는 의로움과 도덕에서 생기는 정신적 기운이기도 하다. 그래야 부끄러움이 없는 진정한 용기가 생기기 때문이다. 출처 – 『맹자』「공손추편」

3. 한자 뜯어보기

浩 넓을 호

물 수(氵)와 알릴 고(告)가 합해진 글자이다. 큰 물이 흐르는 우렁찬 소리를 나타내는데, 큰 물(氵)은 먼저 소리로 알려오기(告) 때문이다. 이에서 '넓다, 크다, 높다' 등의 뜻이 나왔다.

※ 호기(浩氣) : 넓을 호(浩) 기운 기(氣)로, 거침이 없이 넓고 큰 기개.
　예 그는 아직 젊은 혈기라 분에 넘치는 浩氣를 부린다.

然 그러할 연

고기 육(月)과 개 견(犬)과 불 화(灬)가 합해진 글자이다. 개(犬) 고기(月)를 불(火, 灬)에 굽는다는 뜻이다. 옛날에 개는 불에 그슬려 잡았기 때문이다. 개고기를 먹고 나서 "정말 맛있어"하면, "그렇지 그래"하다가 '그러하다'는 뜻이 나왔다고 보기도 한다.

※ 자연(自然) : 스스로 자(自) 그러할 연(然)으로, 사람의 손을 거치지 않고 스스로 그러함.
　예 그의 친근하고 自然스러운 모습이 매우 좋았다.
※ 천연(天然) : 하늘 천(天) 그러할 연(然)으로, 하늘이 만든 그대로의 것.
　예 요즘은 天然 원료를 사용한 건강식 음식이 인기가 높다.

之 어조사 지

여기서는 무엇 '-의'라는 관형격 조사로 쓰였다.

氣 기운 기

기운 기(气)에서 음을 취하고, 쌀 미(米)에서 뜻을 취해서 형성된 글자이다. 쌀(米)을 먹으면 기운(气)이 난다고 해서 '기운'이란 뜻이 나왔다.

※ 감기(感氣) : 느낄 감(感) 기운 기(氣)로, 몸이 춥고 열이 나며 기침이 나는 질환을 통틀어 이르는 말.

　예 나는 몸이 건강해서인지 感氣에 잘 걸리지 않는다.

※ 기후(氣候) : 기운 기(氣) 기후 후(候)로, 바람 비 눈 따위의 대기 상태.

　예 우리나라는 온대지방이라 氣候가 좋은 편이다.

4. 쓰임

* 사나이는 먼저 **호연지기(浩然之氣)**를 길러야 한다.

* 신라 시대의 화랑들은 산천을 누비며 **호연지기(浩然之氣)**를 길렀다고 한다.

* 산 정상에서 세상을 내려 보니 마치 **호연지기(浩然之氣)**가 생기는 것 같았다.

* 맹자는 **호연지기(浩然之氣)**를 가진 사람을 대장부라고 했다.

* **호연지기(浩然之氣)**는 하루아침에 생기는 것이 아니라 오랜 수련 끝에 몸에 배어 있는 것이다.

5. '바를 정' 자를 표시하며 한자 열 번씩 소리 내어 읽으며 외우기

浩	然	之	氣
넓을 호	그러할 연	어조사 지	기운 기
正正	正正	正正	正正

6. 한자 따라 쓰며 익히기

10획	부수 水	`  丶  氵  氵  汸  汧  浩  浩  浩`		
浩 浩				
넓을 호				
12획	부수 火, 灬	`丿  勹  夕  夕  夕  外  然  然  然  然  然  然`		
然 然				
그러할 연				
4획	부수 丿	`丶  ㇇  ㇉  之`		
之 之				
어조사 지				
10획	부수 气	`丿  ㇒  ㇒  气  气  气  氕  氣  氣  氣`		
氣 氣				
기운 기				

다섯째 마당 ② 파죽지세 破竹之勢

1. 한자 뿌리로 해석하기

破 2	竹 1	之 3	勢 4	대나무(竹)를 쪼개는(破) 것과 같은(之) 기세(勢).
깨뜨릴 파	대 죽	어조사 지	형세 세	

'대나무를 쪼개는 기세'라는 뜻으로, 곧 세력이 강하여 적들을 거침없이 물리치고 쳐들어가는 기세를 말한다. 세력이 강하여 거침없이 나아가는 모양이다.

2. 유래

위나라의 권신 사마염은 원나라 황제인 조환을 폐위시킨 뒤, 스스로 황제의 자리에 올라 무제(武帝)라 일컫고, 국호를 진이라고 고쳤다. 이리하여 천하는 삼국시대에서 오나라와 진나라로 나뉘어 대립하게 되었다. 이윽고 무제는 진남대장군 두예에게 오나라를 진압하라며 출병을 명했다.

이듬해 2월, 무창을 점령한 두예는 휘하 장수들과 오나라를 침공할 마지막 작전 회의를 열었다.

이때 한 장수가 말했다.

"지금 당장 오나라의 도읍을 치기는 어렵습니다. 이제 곧 잦은 봄비로 강물이 범람할 것이고, 또 언제 전염병이 발생할지 모르기 때문입니다. 그러니 일단 철군했다가 겨울에 다시 공격하는 것이 어떻겠습니까?"

이 말에 찬성하는 장수들도 많았으나 두예는 단호히 반대하며 말했다.

"그건 안 될 말이오. 지금 아군의 사기는 마치 '대나무를 쪼개는 기세'요. 대나무란 처음 두세 마디만 쪼개면 그다음부터는 칼날이 닿기만 해도 저절로 쪼개지는 법인데, 어찌 이런 절호의 기회를 버린단 말이오."

그 말을 하고 두예는 곧바로 휘하의 군사들을 몰아서 오나라의 도읍 건업으로 진격하여 단숨에 함락하였다. 이에 오나라 왕 손호가 항복함에 따라 마침내 진(晉)나라는 삼국시대를 끝내고 천하를 통일하게 되었다.

－『진서(晉書)』

3. 한자 뜯어보기

破 깨뜨릴 파

돌 석(石)과 가죽 피(皮)가 합해진 글자이다. 가죽 피(皮)는 가죽을 벗기는 모습이다. 따라서 돌(石)의 가죽(皮)을 벗긴다는 뜻에서 돌을 깨부순다는 의미가 된다. 여기서 '깨뜨리다, 깨다, 쳐부수다' 등의 뜻이 나왔다.

※ 파손(破損) : 깨뜨릴 파(破) 상할 손(損)으로, 깨어지거나 상하게 됨.
　　예 스마트폰이 아스팔트 바닥에 떨어져 심하게 破損되었다.
※ 돌파(突破) : 부딪칠 돌(突) 깨뜨릴 파(破)로, 부딪쳐서 깨뜨려 뚫고 나감.
　　예 우리는 어떤 어려움이 있더라도 저 고지를 반드시 突破해야 한다.

竹 대 죽

곧게 뻗은 대나무 가지 양옆으로 잔가지를 그린 문자로, '대나무'을 가리킨다.

※ 매죽(梅竹) : 매화나무 매(梅) 대나무 죽(竹)으로, 매화나무와 대나무.
　　예 옛날 선비들이 梅竹을 그린 그림을 좋아했다고 한다.
※ 장죽(長竹) : 길 장(長) 대나무 죽(竹)으로, 대나무로 만든 긴 담뱃대.
　　예 옛날 양반들이 長竹을 물고 거드름을 피웠다고 한다. 옛날에는 신분이 높을수록 담뱃대가 길었다.

之 어조사 지

여기서는 무엇 '-의'라는 뜻의 관형격 조사로 사용되었다.

勢 형세 세

심을 예(埶)와 힘 력(力)이 합해진 글자이다. 씨앗을 심으면(埶) 싹이 나와 날로 힘차게(力) 자라므로, '형세'를 뜻하게 되었다.

※ 세력(勢力) : 권세 세(勢) 힘 력(力)으로, 권세의 힘.
　예 아군이 드디어 勢力을 얻었다.
※ 형세(形勢) : 모양 형(形) 기세 세(勢)로, 일이 되어 가는 형편.
　예 지금 우리 쪽의 形勢가 불리하다.

4. 쓰임

* 아군이 **파죽지세(破竹之勢)**로 적군을 물리쳤다.

* 임진왜란 때 일본군은 조총 부대를 앞세우고 **파죽지세(破竹之勢)**로 우리나라에 쳐들어왔다.

* 우리나라 축구 대표팀이 **파죽지세(破竹之勢)**로 무난히 결승까지 진출했다.

* 우리나라 군대는 **파죽지세(破竹之勢)**로 적군을 무찌르고 승리를 거두었다.

* 젊은이는 무엇을 하든 **파죽지세(破竹之勢)**로 밀어붙이는 힘과 용기가 있어야 한다.

5. 유의어

세여파죽(勢如破竹) : 파죽지세(破竹之勢)와 같은 말이다.

요원지화(燎原之火) : '무서운 기세로 타오르는 벌판의 불길'이라는 뜻으로, 미처 막을 사이 없이 퍼져 나는 세력을 이르는 말.

6. '바를 정' 자를 표시하며 한자 열 번씩 소리 내어 읽으며 외우기

破	竹	之	勢
깨뜨릴 파	대나무 죽	어조사 지	형세 세
正正	正正	正正	正正

7. 한자 따라 쓰며 익히기

10획	부수 石	一 丿 乛 石 石 矴 矿 矿 砑 破		
破 깨뜨릴 파	破			
6획	부수 竹	丿 丨 丿 丿 丿 竹		
竹 대나무 죽	竹			
4획	부수 丿	丶 二 ㇀ 之		
之 어조사 지	之			
13획	부수 力	一 十 土 坴 坴 坴 坴 坴 坴 埶 埶 勢 勢		
勢 형세 세	勢			

1. 한자 뿌리로 해석하기

一₁	瀉₂	千₃	里₄	한 번(一) 쏟아진(瀉)
한 일	쏟을 사	일천 천	거리 리	물줄기가 천(千) 리(里)를 감.

'한 번 쏟아진 물줄기가 천리를 간다'는 뜻으로, 조금도 지체됨이 없이 일이 빨리 진행됨을 말한다. 또한 문장이나 글이 막힘없이 명쾌함을 뜻하기도 한다.

2. 유래

일사천리(一瀉千里)는 한꺼번에 쏟아져서 천리를 간다는 뜻으로, 일이 조금도 거침없이 빨리 진행됨을 이른다. 또는 문장이나 말이 막힘없이 매우 유창함을 뜻하기도 한다.

이 말은 복혜전서『福惠全書』에서 유래되었다.

"엄연한 계곡 사이를 가벼운 배는 삽시간에 일사천리로 내려간다"

여기서 가벼운 배가 강물을 막힘없이 내려간다는 뜻이다. 배가 가볍기 때문에 그 속도가 더욱 빠를 것이다.

3. 한자 뜯어보기

一 한 일

갑골문에서 가로획(一)을 하나 그어, '하나'라는 개념을 나타낸다.

※ 일장춘몽(一場春夢) : 한 일(一) 마당 장(場) 봄 춘(春) 꿈 몽(夢)으로, 한바탕 봄날에 꾼 꿈처럼 헛되거나 덧없는 일을 가리킨다.

　예 인생은 一場春夢이란 말이 있다.

瀉 쏟을 사

뜻을 나타내는 물 수(水, 氵)와 소리를 나타내는 베낄 사(寫)로 형성된 글자로, 물이 '쏟아지다, 쏟다'의 뜻을 나타낸다.

※ 사토(瀉土) : 쏟을 사(瀉) 흙 토(土)로, 염분이 들어 있는 흙.
　예 바닷가에는 염분이 많이 들어 있는 瀉土가 많다.

※ 토사(吐瀉) : 토할 토(吐) 쏟을 사(瀉)로, 입으로 토하고 아래로 설사를 함.
　예 그는 무엇을 잘 못 먹었는지 밤새 吐瀉를 심하게 했다.

千 일천 천

 갑골문에 가로 획(一)에 사람 인(人)을 더하여 '1천'이라는 뜻을 나타내었다. 이로부터 '많다'는 뜻도 나왔다.

※ 천만(千萬) : 일천 천(千) 일만 만(萬)으로, 만의 천 갑절.
　예 그는 한 달에 千萬원도 넘게 번다고 한다.

※ 천편일률(千篇一律) : 일천 천(天) 책 편(篇) 한 일(一) 법 률(律)로, 사물이 모두 엇비슷함을 비유적으로 표현한 말.
　예 그의 글은 千篇一律的이라 재미가 없다.

里 마을 리

흙 토(土)와 밭 전(田)이 합해진 글자이다. 땅(土) 위에 밭(田)을 일군 곳이 '마을'이라는 뜻이다. 혹은 거리를 재는 단위로도 쓰이는데, 보통 400m를 일 리라 한다.

※ 동리(洞里) : 마을 동(洞) 마을 리(里)로, 고을과 마을.
　예 너는 어느 洞里에 사냐?

※ 십리(十里) : 열 십(十) 거리 리(里)로, 4km를 말한다.
　예 여기서 거기까지는 한 十里쯤 될 것이다.

4. 쓰임

* 그는 다른 사람의 사정은 생각하지 않은 채 쉬지도 않고 회의를 **일사천리(一瀉千里)**로 진행했다.

* 그의 명설교가 **일사천리(一瀉千里)**로 이어졌다.

* 재판이 **일사천리(一瀉千里)**로 진행되어 그는 무죄를 선고받고 예상보다 빨리 풀려났다.

* 국회가 예산심의 기간이 임박하여 예산을 **일사천리(一瀉千里)**로 통과시키니, 제대로 심의나 했는지 의심이 간다.

* 그들은 만난 지 얼마 되지 않아 마음이 통해 **일사천리(一瀉千里)**로 결혼까지 했다.

5. 유의어

구천직하(九天直下) : '하늘에서 땅을 향하여 일직선으로 떨어진다'는 뜻으로, '굳센 형세'를 일컫는 말.

6. '바를 정' 자를 표시하며 한자 열 번씩 소리 내어 읽으며 외우기

一	瀉	千	里
한 일	쏟을 사	일천 천	거리 리
正正	正正	正正	正正

7. 한자 따라 쓰며 익히기

1획	부수 一	一		
一	一			
한 일				
18획	부수 水, 氵	丶 丶 氵 氵 氵 氵 氵 氵 氵 瀉 瀉 瀉 瀉 瀉 瀉 瀉 瀉 瀉		
瀉	瀉			
쏟을 사				
3획	부수 十	一 二 千		
千	千			
일천 천				
7획	부수 里	丨 冂 匸 日 甲 甲 里		
里	里			
거리 리				

1. 한자 뿌리로 해석하기

背 2	水 1	之 3	陣 4	물(水)을 등지고(背)
등질 배	물 수	어조사 지	진칠 진	서(之) 진을 침(陣).

　'물을 등지고 적과 싸울 진을 친다'는 것으로, 뒤에 물이 있어서 자신을 더 물러설 곳이 없는 곳에 놓아두고 목숨을 걸고 전력을 다해 일한다는 뜻으로 사용된다.

2. 유래

　한나라 고조가 제위에 오르기 전, 한신 장군은 위나라를 격파한 여세를 몰아 조나라로 진격해 나갔다. 그는 일만의 군대를 강을 등지고 진을 치게 하고, 주력부대는 성문으로 공격해 들어갔다. 한신은 적이 성에서 나오자 일부러 도망가는 척하며 강을 등지고 진을 친 곳까지 퇴각하게 하고, 한편으로는 매복병을 시켜 조나라 군대가 성을 비우고 추격해 올 때 성안으로 들어가 조나라 기를 뽑고 한나라 깃발을 세우게 했다.

　물을 등지고 진을 친 한신의 군대는 죽기 아니면 살기로 결사 항전을 하니 조나라 군대는 물러날 수밖에 없었다. 그리고 이미 한나라 기가 꽂힌 성을 보고 당황한 조나라 군대에 한신의 부대가 맹공격을 퍼부어 간단히 승리를 거두었다.

　한신은 군대를 죽을 곳에 몰아넣음으로써 결사 항전하게 하여 승리를 거둔 것이다. 싸움이 끝나고 축하 잔치가 벌어졌을 때 부장들은 한신에게 물었다.

　"병법에는 산을 등지고 물을 앞에 두고서 싸우라고 했습니다. 그런데 이번에는 거꾸로 물을 등지고 싸워 승리를 거두었습니다. 이것은 대체 어떻게 된 일입니까?"

　한신이 대답했다.

"이것도 병법의 하나로 병서에 자신을 사지에 몰아넣음으로써 살길을 찾을 수가 있다고 적혀 있지 않소. 그것을 잠시 응용한 것이 이번의 배수진(背水陣)이오. 원래 우리 군사들은 오랫동안 원정을 계속하여 뒤에 보강한 군사들이 대부분이니 이들을 생지에 두었다면 그냥 흩어져 달아나 버렸을 것이오. 그래서 사지에다 몰아넣은 것뿐이오."

이 말을 들은 모든 장수가 그의 지혜에 탄복했다고 한다. 이때부터 '배수진(背水陣)을 쳤다'라는 말은 더 이상 물러설 수 없는 막다른 곳에서 죽기를 각오하고 맞서는 것을 뜻하게 되었다.

출처 – 『사기(史記)』「회음후열전(淮陰侯列傳)」

3. 한자 뜯어보기

背 등 배

북녘 북(北)에 고기 육(月)의 뜻이 합해져서 '등'이라는 뜻이다. 원래 북(北)자는 사람이 서로 등을 맞대고 있는 모양으로 '등'을 나타내었다. 이 글자가 뒤에 '북녘'을 가리키는 글자로 쓰이게 되자, 이에 '등'을 나타내기 위해 고기 육(月)자를 더하여 새 글자를 만든 것이다.

※ 배반(背反) : 등질 배(背) 되돌릴 반(反)으로, 신의를 저버리고 등지고 돌아섬.
　　예 어떤 일이 있어도 친구를 背反해서는 안 된다.
※ 배경(背景) : 등 배(背) 볕 경(景)으로, 어떤 사건이나 인물 따위를 둘러싼 주위 환경.
　　예 이 소설은 6.25 전쟁을 背景으로 하고 있다.

水 물 수

흘러가는 물을 그린 갑골 문자이다. 이에서 '물'이나, 물이 모여 만들어진 '강, 호수' 등의 뜻이 나왔다.

※ 수영(水泳) : 물 수(水) 헤엄칠 영(泳)으로, 물속에서 헤엄침.
　　예 나는 매일 아침 水泳을 했더니 몸이 많이 좋아졌다.

之 어조사 지

여기서는 무엇'-의'라는 관형격 조사로 쓰였다.

陣 진 칠 진

언덕 부(阝)에 수레 거(車)가 붙은 글자이다. 군대가 진을 치기 좋은 언덕 배기(阝)를 중심으로 전차(車)들이 줄지어 배치된 모습에서, '진지, 진 치다' 라는 뜻이 나왔다.

※ 진지(陣地) : 진칠 진(陣) 땅 지(地)로, 진을 치고 있는 곳.
  囫 밤이 되면 적의 陣地를 기습 공격하라.
※ 퇴진(退陣) : 물러날 퇴(退) 진칠 진(陣)으로, 군대의 진지를 뒤로 물리거 나, 혹은 구성원 전체가 책임을 지고 물러남.
  囫 노조는 경영진 전체의 退陣을 요구했다.

4. 쓰임

* 우리 앞에 놓인 일이 어렵긴 하지만 **배수지진(背水之陣)**의 각오로 임한 다면 극복하지 못할 것도 없다.

* 6.25 사변 때 우리 군은 **배수지진(背水之陣)**을 치고 낙동강 전선을 지켰다.

* 무슨 일을 하든지 **배수지진(背水之陣)**을 치고 한다면 모든 어려움을 이 겨낼 수 있을 것이다.

* **배수지진(背水之陣)**을 치고 덤비는 사람만큼 무서운 사람은 없다.

5. 유의어

제하분주(濟河焚舟) : 적을 치러 가면서 배를 타고 물을 건너고 나서는 그 배를 태워버린다는 뜻으로, 죽을 각오로 싸움에 임함을 이르는 말.

6. '바를 정' 자를 표시하며 한자 열 번씩 소리 내어 읽으며 외우기

背	水	之	陣
등 배	물 수	어조사 지	진 칠 진
正正	正正	正正	正正

7. 한자 따라 쓰며 익히기

9획	부수 肉	⺉ ⺊ ⺌ ⺍ 北 北 背 背 背		
背	背			
등 배				
4획	부수 水	⺅ ⺉ ⺝ 水		
水	水			
물 수				
4획	부수 丿	⺀ ⺀ 亠 之		
之	之			
어조사 지				
10획	부수 阜	⺀ ⺂ ⻖ ⻖ ⻖ ⻖ 阿 阿 陣 陣		
陣	陣			
진칠 진				

다섯째 마당 ⑤   백전백승 百戰百勝

1. 한자 뿌리로 해석하기

百 1	戰 2	百 3	勝 4	백번(百) 싸워(戰)
일백 백	싸울 전	일백 백	이길 승	백번(百) 다 이김(勝).

'백번 싸워 백번 이긴다'는 뜻으로, 싸울 때마다 번번이 이기는 것을 말한다.

2. 도움말

여기서는 백전백승(百戰百勝)이란 말을 여러 가지로 한번 해석해 보기로 한다. 이 백(百)자를 어떻게 해석하느냐에 따라 의미의 차이가 생기는 것을 볼 수 있을 것이다.

첫째, 백(百)을 일백 백으로 해석하면, 백전백승은 '백번 싸워 백번 이긴다'라는 뜻이 된다. 보통 이렇게 해석한다.

둘째, 똑같이 일백 백(百)으로 해석하더라도, 백을 숫자가 아니라 전쟁의 다양한 형태로 해석할 수 있다. 즉 '백 가지 형태의 싸움'으로 해석할 수 있다. 이렇게 되면, 평지에서 싸우든, 산에서 싸우든, 뭍에서 싸우든, 물에서 싸우든, 성 밖에서 싸우든, 성안에서 싸우든 '어떤 경우의 싸움에서도 이긴다'라는 뜻으로 해석할 수 있다.

셋째, 이 백(百)에는 100%란 말에도 나타나듯이 '완전하다 또는 많다'는 뜻도 있다. 이렇게 해석하면 '많은 싸움에서 완전히 이긴다'라는 뜻도 된다.

한자의 매력이 이런 곳에 있다. 우리가 한자를 배워보면 한 글자에도 수많은 뜻이 있음을 알 수 있다. 그러므로 우리는 같은 단어를 다양하게 해석해 볼 수 있다. 여기서 소위 말하는 창의력이 솟아 나오는 것이다. 이러므로 우리는 한자를 공부해야 한다. 왜냐하면 다가오는 4차 산업혁명 시대에는 창의력이 가장 중요한 시대가 될 것이기 때문이다.

3. 한자 뜯어보기

百 일백 백

 갑골문에 엄지손가락의 모양에 가로 획(一)을 더하여, '일백'의 뜻을 나타냈다. 이렇게 옛날에는 엄지손가락을 펴서 '백'을 나타 냈다고 한다. 백은 백성(百姓)에서처럼 '모두'를 가리키기도 한다.

※ 백성(百姓) : 일백 백(百) 성씨 성(姓)으로, 모든 성씨로 일반 국민.
　예 지도자는 百姓들을 바른길로 잘 이끌어야 한다.
※ 망백(望百) : 바라볼 망(望) 일백 백(百)으로, 백 살을 바라봄. 91세를 달 리 이르는 말.
　예 우리 할아버지는 올해 望百이 되신다.

戰 싸울 전

홑 단(單)과 창 과(戈)과 합해진 글자이다. 홑 단(單)에 크다(大)라는 뜻도 있으므로, 큰(單) 창(戈)을 가지고 '싸우다, 다투다'라는 뜻이 된다.

※ 전쟁(戰爭) : 싸울 전(戰) 다툴 쟁(爭)으로, 싸움과 다툼.
　예 국가는 자국의 이익을 위해서 戰爭도 마다하지 않는다.
※ 작전(作戰) : 일으킬 작(作) 싸울 전(戰)으로, 싸움이나 경기의 대책을 세움.
　예 경기에 이기기 위해서는 作戰이 중요하다.

百 일백 백

갑골문에 엄지손가락의 모양에 가로 획(一)을 더하여, '일백'의 뜻을 나타냈다. 이렇게 옛날에는 엄지손가락을 펴서 '백'을 나타 냈다고 한다. 백은 백성(百姓)에서처럼 '모두'를 가리키기도 한다.

※ 백화점(百貨店) : 일백 백(百) 물품 화(貨) 가게 점(店)으로, 여러 가지 물 품을 전시하고 판매하는 가게.
　예 그녀는 주로 百貨店을 많이 이용한다.

勝 이길 승

나 짐(朕)과 힘 력(力)이 합해진 글자이다. 내(朕)가 스스로 맡은 바 일을 감당할 수 있는 힘(力)을 말한다. 이에서 '견디다, 이기다, -보다 낫다, 아름답다' 등의 뜻이 나왔다.

※ 승리(勝利) : 이길 승(勝) 이로울 리(利)로, 겨루어 이김. 싸워서 이로움을 얻음.

　예 나는 올림픽경기에서 우리나라 팀이 勝利하였을 때가 제일 기쁘다.

※ 압승(壓勝) : 누를 압(壓) 이길 승(勝)으로, 크게 눌러 이김.

　예 우리는 상대를 10:1로 壓勝했다.

4. 쓰임

* 한국 축구 대표팀이 새로운 감독을 맞아들인 후 **백전백승(百戰百勝)**을 하고 있다.

* 지피지기(知彼知己)면 **백전백승(百戰百勝)**이라 한다. 즉 나를 알고 적을 알면 싸워서 모두 이긴다는 말이다.

* 강호동 선수는 젊을 때 장사씨름대회에 나가기만 하면 **백전백승(百戰百勝)**하던 유명한 선수였다.

* 사람이 **백전백승(百戰百勝)**하게 되면 교만해지지 않을까.

* 모든 장군은 **백전백승(百戰百勝)**을 전쟁의 좌우명으로 삼지만, 모두 성공하는 것은 아니다.

5. 유의어

백전불패(百戰不敗) : 백전백승(百戰百勝)과 같은 말이다.

6. '바를 정' 자를 표시하며 한자 열 번씩 소리 내어 읽으며 외우기

百	戰	百	勝
일백 백	싸울 전	일백 백	이길 승
正正	正正	正正	正正

7. 한자 따라 쓰며 익히기

6획	부수 白	一 一 一 一 一 一 百		
百	百			
일백 백				
16획	부수 戈	' ' ' ' ' ' ' ' ' ' ' ' ' ' ' 單 單 戰 戰 戰		
戰	戰			
싸울 전				
6획	부수 白	一 一 一 一 一 一 百		
百	百			
일백 백				
12획	부수 力	丿 刀 月 月 月 月 月 月 月 朕 勝 勝		
勝	勝			
이길 승				

여섯째 마당

무모하고도 무모한

세상에는 의외로 무모한 사람들이 많이 있다. 세상을 우습게 아는 것이다. 그러나 세상은 생각처럼 그렇게 호락호락하지 않음을 알아야 한다. 그래서 세상일이란 막무가내로 무모하게 덤빌 것이 아니라 먼저 일의 내용을 파악하고 앞뒤를 잘 헤아려야 한다. 더욱이 처음 시작하는 일은 그 일을 먼저 한 선배들의 조언도 반드시 들어야 한다. 그들의 경험이 중요하기 때문이다.

그러나 자기가 다 안다고 생각하고 남의 조언을 듣지 않는 사람들도 적지 않다. 또한 주변의 사람이 조언을 해줘도 무시해 버리는 사람들도 있다. 자기가 잘났다는 교만한 사람들이 쉽게 범하는 실수다.

- 마이동풍(馬耳東風)

특히 전쟁같이 중대한 일을 결정할 때는 자기 나라와 상대편 나라를 객관적으로 잘 비교해 보아야 한다. 일본은 2차 세계대전 때 자신을 과신한 나머지 세계 최강국인 미국의 하와이를 선제공격했다가 5년도 안 되어 항복하고 꼼같은 여러 점령지를 빼앗겨야 했다. 일본은 지금까지도 미국의 영향 아래 군대조차 제 마음대로 못 만들고 있다.

- 중과부적(衆寡不敵)

이처럼 약한 자가 강한 상대를 이긴다는 것은 계란으로 바위치기인 것이다. 계란은 깨어지더라도 바위는 끄떡도 하지 않을 것이다. 무모하기 짝이 없는 짓이다.

- 이란투석(以卵投石)

특히 무모한 사람들은 자기 힘으로 일을 할 생각을 하지 않고 남의 위세나 권위를 빌어 일하려 한다. 그러나 그것이 얼마나 못난 짓인지는 오래지 않아

밝혀질 것이다. 특히 못난 사람들이 이런 짓을 잘한다.

- 호가호위(狐假虎威)

    남의 힘을 빌려 자기 힘인 것처럼 사용하는 사람들이야말로 정말 낯 두꺼운 사람이라 할 것이다. 우리 속담에도 '낯가죽이 쇠가죽보다 더 두껍다'는 말이 있다. 남이야 무어라 하던 아무도 의식하지 않고 자기 생각대로만 하는 것이다.

- 후안무치(厚顔無恥)

    앞뒤를 깊이 생각하고 헤아리자!

1. 한자 뿌리로 해석하기

馬 1	耳 2	東 3	風 4	말(馬)의 귀(耳)에 동쪽(東) 바람(風)이 불어와도 (아랑곳하지 않음).
말 마	귀 이	동녘 동	바람 풍	

'말의 귀에 부는 동풍'이라는 뜻으로, 남의 말이나 의견을 조금도 귀담아 듣지 아니하고 바람처럼 흘려버림을 비유하는 말이다.

2. 유래

당나라 시인 이태백이 친구인 왕십이(王十二)로부터 「한야독작유회(寒夜獨酌有懷: 추운 밤에 홀로 술잔을 기울이며 느낀 바 있어서)」라는 시 한 수를 받자, 이에 답하여 「답왕십이한야독작유회」라는 시를 보냈는데, 마이동풍(馬耳東風)은 이 시의 마지막 구절에 나온다.

장편시인 이 시에서 이백은 '우리네 시인들이 아무리 좋은 시를 짓더라도 이 세상 속물들은 그것을 알아주지 않는다'며 울분을 토하고 나서 다음과 같이 끝을 맺고 있다.

세상 사람들은 이 말을 듣고 모두 머리를 흔드네.
마치 봄바람이 말의 귀를 스치는 것처럼 (有如東風射馬耳).

이백은 이 장편 시에서 당시 당나라가 무인들을 숭상하고 문인들은 알아주지 않는 세태를 죽 나열한다. 즉 닭싸움 같은 천박한 노름이나 즐기는 무리가 아첨을 떨어 천자의 총애를 받고, 전쟁터에서 작은 공을 세웠다.

고 으스대고 다니는 이가 적지 않았다. 그러나 자신들 같은 문인들은 시부(詩賦)나 지으며 세월을 보낼 뿐 아무리 뛰어난 작품을 지어도 세상 사람들이 훌륭한 작품을 제대로 평가해 주기는커녕 관심도 없다는 것을 '봄바람이 말 귀를 스치는 것 같구나'라고 표현하며 시를 끝맺는다.

마이동풍은 우리 속담 '쇠귀에 경 읽기'처럼, 봄바람이 귀에 불어와도 아무런 낌새나 감흥도 없는 말처럼 남의 의견을 귀담아들을 줄 모르고 흘려버리는 것, 즉 전혀 관심이 없는 것을 비유하는 말이다.

3. 한자 뜯어보기

馬 말 마

갑골문에서는 말의 긴 머리와 갈기와 발과 꼬리를 모두 사실적으로 그려 '말'을 나타낸 문자다.

※ 천고마비(天高馬肥) : 하늘 천(天) 높을 고(高) 말 마(馬) 살찔 비(肥)로, 하늘이 높고 말이 살찜. 가을이 좋은 계절임을 나타내는 말.
예 이번 가을은 天高馬肥라는 말 그대로 정말 좋은 계절이다.

耳 귀 이

귀의 모양을 그린 글자로, '귀'를 나타낸다.

※ 이목(耳目) : 귀 이(耳) 눈 목(目)으로, 다른 사람들이 듣거나 봄.
예 남의 耳目이 두려워서라도 나쁜 짓을 하면 안 된다.
※ 이순(耳順) : 귀 이(耳) 따를 순(順)으로, 무슨 소리를 들어도 이해할 줄 아는 예순 살을 이르는 말.
예 그는 나이가 耳順이 넘었는데도 아직도 자기 고집만 피운다.

東 동녘 동

 해 일(日)과 나무 목(木)이 합해진 글자이다. 해(日)가 떠서 나무(木)에 걸린 모습에서, 해가 뜨는 방향인 '동쪽'이란 뜻이 나왔다.

※ 동양(東洋) : 동녘 동(東) 큰 바다 양(洋)으로, 아시아의 동부로 한국 중국 일본 인도 태국 등을 일컫는다.
　예 東洋은 서양과 다른 문화를 가지고 있다.
※ 극동(極東) : 끝 극(極) 동녘 동(東)으로, 아시아 대륙의 가장 동쪽에 있는 한국 일본 중국 등을 말한다.
　예 우리나라는 極東 지역에 속한다.
※ 동분서주(東奔西走) : 동녘 동(東) 달릴 분(奔) 서녘 서(西) 달릴 주(走)로, 이리저리 바쁘게 돌아다님.
　예 그는 무슨 일이 많은지 항상 東奔西走하고 있다.

風 바람 풍

 본래 갑골문에서는 봉황새를 그렸으나, 나중에 지금처럼 글자 모양이 바뀌었다. 즉, 무릇 범(凡)과 벌레 충(虫)이 합해져서, 봉황새(虫)가 일으키는 '바람'을 뜻한다. 고대에는 바람이 일어나는 원리를 잘 몰랐기에 봉황새의 날갯짓이 바람을 일으킨다고 생각해서 이런 글자가 나왔다고 한다.

※ 풍문(風聞) : 바람 풍(風) 들을 문(聞)으로, 바람처럼 떠도는 소문으로, 대개는 가십이나 유언비어에 속하는 것들이다.
　예 많은 사람이 風聞를 퍼뜨리고 다니나, 나는 그런 것을 잘 믿지 않는 편이다.
※ 풍습(風習) : 바람 풍(風) 버릇 습(習)으로, 풍속과 습관.
　예 우리나라는 언제부터인가 동지에 팥죽을 해먹는 風習이 있다.

4. 쓰임

* 우리 속담에 '말 귀에 염불'이란 말이 있는데, 이것은 **마이동풍(馬耳東風)**과 같은 말이다.

* 그는 내 말을 들은 체 만 체하고 먼 하늘만 쳐다보고 있으니, 문자 그대로 **마이동풍(馬耳東風)**이다.

* 여러 번 똑같은 주의 주었는데도 **마이동풍(馬耳東風)**이니 다른 방법이 없네요.

* 내가 아무리 그에게 충고해도 **마이동풍(馬耳東風)**으로 흘려버리니 답답하기만 합니다.

* 학교에서 선생님의 권위가 서지 않으면 선생님의 말씀이 학생들에게 **마이동풍(馬耳東風)**에 지나지 않게 된다.

5. 유의어

우이독경(牛耳讀經) : '쇠귀에 경 읽기'란 뜻으로, 우둔한 사람은 아무리 가르치고 일러주어도 알아듣지 못함을 비유하여 이르는 말.

오불관언(吾不關焉) : 나는 그 일에 상관하지 아니함. 또는 그런 태도를 말함.

6. '바를 정' 자를 표시하며 한자 열 번씩 소리 내어 읽으며 외우기

馬	耳	東	風
말 마	귀 이	동녘 동	바람 풍
正正	正正	正正	正正

7. 한자 따라 쓰며 익히기

10획	부수 馬	丨 厂 厂 丐 丐 丐 馬 馬 馬 馬 馬		
馬 馬				
말 마				
6획	부수 耳	一 「 「 「 耳 耳		
耳 耳				
귀 이				
8획	부수 木	一 「 「 币 币 車 東 東		
東 東				
동녘 동				
9획	부수 風	丿 几 凡 凡 凤 凤 凮 風 風		
風 風				
바람 풍				

1. 한자 뿌리로 해석하기

衆 [1]	寡 [2]	不 [4]	敵 [3]	많음(衆)과 적음(寡)은
무리 중	적을 과	아닐 부	대적할 적	대적하지(敵) 못함(不).

'많은 수와 적은 수는 서로 맞서지 못한다'는 뜻으로, 곧 적은 사람으로는 많은 사람을 이기지 못함을 말한다.

2. 유래

　　춘추전국시대 여러 나라를 순방하며 왕도론(王道論)을 설파하던 맹자가 제나라 선왕에게 말했다. 왕도론은 쉽게 말하면 왕은 왕이 가야 할 길을 가야지 아무렇게나 가면 안 된다는 이론이다.

　　"전하 스스로는 방탕한 생활을 하시면서 나라를 강하게 만들고 천하의 패권을 잡으시려는 것은 그야말로 '나무에 올라가 물고기를 구하는 것'과 같습니다."

　　"아니, 과인의 행동이 그토록 나쁘단 말이오?"

　　"가령, 지금 소국인 추나라와 대국인 초나라가 싸운다면 어느 쪽이 이기겠나이까?"

　　"그야, 물론 초나라가 이길 것이오."

　　"그렇다면 소국은 결코 대국을 이길 수 없고 소수는 다수를 대적하지 못하며[衆寡不敵], 약자는 강자에게 패하기 마련이옵니다. 지금 천하에는 사방 1,000리가 되는 나라가 아홉 개나 있사온데 제나라도 그중 하나이옵니다. 한 나라가 여덟 나라를 굴복시키려 하는 것은 결국 소국인 추나라가 대국인 초나라를 이기려 하는 것과 같지 않사옵니까?"

　　맹자는 소수가 다수를 이길 수 없음을 이렇게 예를 들어 선왕의 생각이 틀렸다고 설명했다.

– 『맹자』

3. 한자 뜯어보기

衆 무리 중

뙤약볕 아래 많은 노예가 일하는 모습으로, 여기서 '무리'라는 뜻이 나왔다.

※ 중생(衆生) : 무리 중(衆) 날 생(生)으로, 많은 사람.
　예 부처님은 어리석은 衆生들을 구제하려고 왕궁을 나왔다.
※ 대중(大衆) : 큰 대(大) 무리 중(衆)으로, 뭇사람.
　예 민주사회의 지도자는 무릇 大衆들의 의견을 따라야 한다.

寡 적을 과

집 면(宀)과 머리 혈(頁)과 나눌 분(分)이 합해진 글자이다. 집안(宀)이 나누어져서(分) 홀로 남은 사람(頁)을 그려, '홀로'라는 의미를 형상화했다. 이로부터 '홀로 남다, 적다, 작다'라는 뜻이 나왔다.

※ 과부(寡婦) : 적을 과(寡) 여자 부(婦)로, 남편이 죽어 홀로 사는 여자. 옛날 남존여비 시대에 여자가 덕이 없어 과부가 되었다고 생각하는 데서 이런 말이 생겼다고 한다.
　예 寡婦는 은이 서 말이고, 홀아비는 이가 서 말이라는 속담이 있다.
※ 독과점(獨寡占) : 홀로 독(獨) 적을 과(寡) 차지할 점(占)으로, 하나 혹은 소수의 특정 자본이 생산과 시장을 지배하고 이익을 독차지하는 상태.
　예 자본주의 사회에서는 獨寡占 기업을 막아야 한다.

不 아닐 부

이 글자의 어원에 대해서는 의견들이 분분하다. 『설문해자』라는 책에서는 새가 하늘을 날아오르는 모습을 그린 것인데, 올라가서 내려오지 않았기에 '아니다'라는 부정의 뜻이 나왔다고 한다.

※ 불편(不便) : 아닐 불(不) 편할 편(便)으로, 편하지 않음, 거북함.
  예 인류는 不便한 것들을 개선하면서 문명을 발전시켜 왔다.
※ 불황(不況) : 아닐 불(不) 상황 황(況)으로, 경기 상황이 좋지 않음.
  예 요즘 경기가 不況이라지만, 우리 가게는 항상 不況을 모르고 지내고
  있다.

敵 원수 적

밑동 적(啇)과 칠 복(攵)이 합해진 글자이다. '뿌리'라는 뜻을 가진 밑동
적(啇)자에 칠 복(攵)자가 결합하여 '원수'라는 뜻을 갖게 되었다. 왜냐하면
'원수'는 반드시 갚아야 하고 그들에 대한 한은 가슴 속 깊이 뿌리 박혀 있
기 때문이다.

※ 무적(無敵) : 없을 무(無) 원수 적(敵)으로, 맞서 싸울 만한 적이 없음.
  예 천하장사는 천하 無敵이다.
※ 대적(對敵) : 대할 대(對) 원수 적(敵)으로, 적과 마주 대함.
  예 저 사람을 對敵할 만한 사람이 없다.

4. 쓰임

* 우리 군은 배수지진(背水之陣)을 치고 싸웠지만, 적군의 숫자가 워낙 많
  아 **중과부적(衆寡不敵)**으로 패하고 말았다.
* 저들의 숫자가 너무 많다. 아무래도 **중과부적(衆寡不敵)**이다.
* 물밀듯이 몰려오고 있는 적들이라 그들 소수 병력으로는 도저히 당해낼
  수 없었다. **중과부적(衆寡不敵)**이 헛된 말이 아니었다.
* 이번에는 우리가 **중과부적(衆寡不敵)**으로 밀렸으나, 다음에는 지원군의
  도움을 받아 적군을 격파할 수 있을 것이다.
* **중과부적(衆寡不敵)**이라고 미리 겁먹지 말고 나가서 싸우자!

5. '바를 정' 자를 표시하며 한자 열 번씩 소리 내어 읽으며 외우기

衆	寡	不	敵
무리 중	적을 과	아닐 부	원수 적
正正	正正	正正	正正

6. 한자 따라 쓰며 익히기

12획	부수 血	´ ⌐ ⌐' ⌐'' ⌐'' 血 血 血 衆 衆 衆 衆		
衆	衆			
무리 중				
14획	부수 宀	` ` 宀 宀 宀 宀 宀 宀 宀 宀 宀 宀 宀 宀 寡		
寡	寡			
적을 과				
4획	부수 一	一 ア 不 不		
不	不			
아닐 부				
15획	부수 攵	` 宀 宀 宀 宀 宀 宀 宀 宀 宀 宀 宀 敵		
敵	敵			
원수 적				

1. 한자 뿌리로 해석하기

以₂	卵₁	投₄	石₃
써 이	알 란	던질 투	돌 석

계란(卵)으로써(以)
돌(石)에 던짐(投).

'계란으로 바위를 친다'는 뜻으로, 약한 것이 자기보다 월등히 강한 것을 이기려고 하는 어리석은 짓을 말한다.

2. 유래

전국시대 묵자는 노나라에서 북쪽에 있는 제나라로 가는 길가에서 우연히 점쟁이를 만나게 되었다. 점쟁이가 말했다.

"오늘은 상제가 북쪽에서 검은 용을 죽이는 날입니다. 선생은 행색이 검으니 북쪽으로 가면 안 됩니다."

이 점쟁이는 묵자가 이름 그대로 좀 검게 보였던지, 그에게 북쪽으로 가면 불길하다고 말했다. 북쪽은 색깔로 말하면 검은색에 해당하기 때문이다.

묵자는 그 말을 무시하고 계속 북쪽으로 가서 치수에 도착하였으나, 강물이 너무 거세어서 강을 건널 수가 없었다. 묵자는 다시 돌아올 수밖에 없었다.

되돌아오는 묵자를 보고 점쟁이는 비웃듯이 웃으며, 묵자의 기분을 건드렸다. 화난 묵자는 점쟁이에게 이렇게 반박했다.

"당신의 말은 근거 없는 미신이오. 그 말을 믿으면 천하에 길을 갈 수 있는 사람은 아무도 없을 것이오. 그런 말로 내 말을 비난하는 것은 마치 달걀로 바위를 치는 것과 같소(以卵投石). 천하의 계란을 다 쓰더라도 돌은 깨어지지 않을 것이오."

우리 속담의 '계란으로 바위 치기'란 말처럼, 이란투석(以卵投石)은 이처럼 어리석고 무모한 짓을 말한다.

－『묵자』「귀의편」

3. 한자 뜯어보기

以 써 이

본래 밭 가는 '보습'의 모양을 본뜬 것인데, 여기서는 무엇 '-으로써'라는 뜻의 전치사로 쓰였다.

※ 이열치열(以熱治熱) : 써 이(以) 더울 열(熱) 써 이(以) 더울 열(熱)로, 열로써 열을 다스림. 힘에는 힘으로, 강한 것은 강한 것으로 상대함.
例 삼복에 뜨거운 삼계탕을 먹는 것은 以熱治熱의 한 방법이라고 생각한다.

卵 알 란

두 개의 물고기알의 모양을 본뜬 글자로, '알'이란 뜻이다.

※ 계란유골(鷄卵有骨) : 닭 계(鷄) 알 란(卵) 있을 유(有) 뼈 골(骨)로, 계란에 뼈가 있음. 계란에는 본래 뼈가 없어야 하는데 뼈가 있으니, 운이 나쁜 사람은 모처럼 좋을 기회를 만나도 일이 잘 안 풀릴 때 쓰는 말이다.
例 鷄卵有骨이라더니, 나는 왜 번번이 일이 잘 안 풀릴까.

投 던질 투

손 수(手, 扌)와 창 수(殳)가 합해진 글자이다. 손(扌)으로 창(殳)을 '던지다'라는 뜻이다.

※ 투수(投手) : 던질 투(投) 사람 수(手)로, 야구에서 내야의 중심에서 포수를 향해 공을 던지는 사람.
例 야구 경기는 거의 投手에 의하여 승부가 결정된다.

※ 실투(失投) : 그르칠 실(失) 던질 투(投)로, 경기에서 공을 잘못 던지는 일.
例 모든 투수는 失投를 하지 않으려고 최선을 다해 던진다.

石 돌 석

벼랑에 굴러떨어져 있는 '돌'의 모습이다.

石

※ 석탄(石炭) : 돌 석(石) 숯 탄(炭)으로, 숯처럼 불에 타는 돌.
  예 우리나라 광산에는 石炭이 많이 묻혀 있다고 한다.

※ 석탑(石塔) : 돌 석(石) 탑 탑(塔)으로, 돌로 쌓은 탑.
  예 불국사 삼층 石塔은 일명 무영탑이라고도 불린다.

4. 쓰임

* 그 작은 체구로 그에게 덤빈다는 것은 **이란투석(以卵投石)**과 다름없는
어리석은 일이다.

* 임진왜란 때 조선군이 활로 일본의 조총을 상대한 것은 **이란투석(以卵投石)**이라 할 만하다.

* 적을 알고 나를 알아야 **이란투석(以卵投石)**과 같은 어처구니없는 일이
벌어지지 않는다.

* 자기만 아는 어리석은 사람들이 자주 **이란투석(以卵投石)**과 같은 일을
저지른다.

* 우리 속담에 '모기 보고 칼 빼기'라는 말이 있는데, 이는 **이란투석(以卵投石)**의 반대말이라고 할 수 있을까?

5. 유의어

한강투석(漢江投石) : 한강에 아무리 돌을 많이 집어넣어도 메울 수 없다는 뜻
으로, 아무리 애를 쓰거나 투자해도 보람이 없다는 뜻.

홍로점설(紅爐點雪) : 큰 화로에 눈을 조금 뿌린 것과 같다는 뜻으로, 노력해도
별 의미가 없다는 뜻.

6. '바를 정' 자를 표시하며 한자 열 번씩 소리 내어 읽으며 외우기

以	卵	投	石
써 이	알 란	던질 투	돌 석
正正	正正	正正	正正

7. 한자 따라 쓰며 익히기

5획	부수 人	ㅣ ㅣ ㅣ 以 以		
以	以			
써 이				
7획	부수 卩	′ ㄷ ㅌ ㅌ 卯 卯 卵		
卵	卵			
알 란				
7획	부수 手, 扌	一 ㅓ ㅓ ㅓ 护 投 投		
投	投			
던질 투				
5획	부수 石	一 ㄱ ㄷ 石 石		
石	石			
돌 석				

1. 한자 뿌리로 해석하기

狐¹	假⁴	虎²	威³	여우(狐)가 호랑이(虎)의
여우 호	빌릴 가	범 호	위엄 위	위세(威)를 빌림(假).

'여우가 호랑이의 위엄을 빌린다'는 뜻으로, 남의 세력을 빌어 위세를 부리는 어리석은 모습을 말한다.

2. 유래

　　전국시대 초나라에 소해휼이라는 재상이 있었다. 북방의 여러 나라는 이 재상을 몹시 두려워하고 있었다. 초나라의 실권을 그가 장악하고 있었기 때문이다. 그런데 초나라 선왕은 북방의 나라들이 왜 소해휼을 두려워하는지 이상하게 여겼다. 어느 날 강을이라는 신하에게 이를 물어보자 이렇게 대답했다.

　　"전하! 이런 얘기가 있습니다. 호랑이가 여우 한 마리를 잡았습니다. 그러자 잡아먹히게 된 여우가 말했습니다. '잠깐 기다리게나. 이번에 나는 천제로부터 백수의 왕에 임명되었다네. 만일 나를 잡아먹으면 천제의 명령을 어긴 것이 되어 천벌을 받을 것이야. 내 말이 거짓말이라 생각하거든 나를 따라와 봐. 나를 보면 어떤 놈이라도 두려워서 달아날 테니.' 여우의 말을 듣고 호랑이는 그 뒤를 따라갔습니다. 과연 만나는 짐승마다 모두 달아나는 것이었습니다. 사실 짐승들은 여우 뒤에 있는 호랑이를 보고 달아난 것이지만, 호랑이는 그것을 깨닫지 못했습니다. 북방의 제국이 소해휼을 두려워하는 것은 이와 같습니다. 그러므로 실은 소해휼을 두려워하는 것이 아니라 그의 배후에 있는 초나라의 군대를 두려워하고 있는 것입니다."

　　이처럼 자기의 실력이 아니라 다른 것에 의지해서 위세를 부리는 것을 호가호위(狐假虎威)라 한다.　　　　－『전국책(戰國策)』「초책(楚策)」

3. 한자 뜯어보기

狐 여우 호

개 견(犬, 犭)과 호리병 과(瓜)가 합해서 형성된 글자이다. 머리가 작고 뒤꼬리가 크게 부푼 호리병(瓜)을 닮은 개(犭) 비슷한 짐승이라는 뜻으로, '여우'를 말한다.

※ 구미호(九尾狐) : 아홉 구(九) 꼬리 미(尾) 여우 호(狐)로, 꼬리가 아홉 개 달린 여우. 몹시 교활한 사람을 비유적으로 이르는 말.
　예 그는 九尾狐처럼 교활하다.
※ 호미(狐媚) : 여우 호(狐) 아첨할 미(媚)로, 여우처럼 알씬거리며 아양을 떨고 아첨함.
　예 그는 마치 狐媚처럼 아첨을 잘한다.

假 거짓 가

사람 인(人, 亻)과 빌릴 가(叚)가 합해진 글자이다. 사람(亻)의 힘을 빌린(叚) 것은 모두 자연적이 아니라 인위적이므로 '거짓'이라는 뜻이 담겨 있다.

※ 가면(假面) : 거짓 가(假) 얼굴 면(面)으로, 나무나 종이 등으로 꾸며 만든 얼굴 모양.
　예 그는 탈춤을 출 때 假面을 쓴다.
※ 가발(假髮) : 거짓 가(假) 머리털 발(髮)로, 머리에 쓰는 가짜 머리털.
　예 그는 대머리를 감추기 위해 젊어서부터 假髮을 쓰고 다닌다.

虎 범 호

호랑이의 옆모습에서 특히 사나운 입모양을 강조하여 그린 '범'이다.

※ 맹호(猛虎) : 사나울 맹(猛) 호랑이 호(虎)로, 사나운 호랑이.
　예 동물원에 가면 猛虎를 볼 수 있다.
※ 백호(白虎) : 흰 백(白) 호랑이 호(虎)로, 털이 흰 호랑이.
　예 白虎는 보기 드물다.

威 위엄 위

무기 술(戌)과 계집 녀(女)가 합해진 글자이다. 여자가 무기를 든 모습으로, 무서운 시어머니가 본래의 의미이다. 시어머니가 위엄이 있기에 여기서 '위엄'이란 뜻이 나왔다.

※ 위엄(威嚴) : 두려워할 위(威) 엄할 엄(嚴)으로, 두려움과 엄한 느낌을 받게 함.
　　예 그의 모습에서 왠지 모르게 威嚴이 풍긴다.
※ 시위(示威) : 보일 시(示) 위엄 위(威)로, 자기 단체의 위엄과 힘을 드러내어 보임.
　　예 광화문에서 종종 대규모 示威가 벌어진다.

4. 쓰임

* 부패한 관리들은 **호가호위(狐假虎威)**하면서 거드름을 피운다.

* 못난 아들놈이 아버지의 권세에 기대어 **호가호위(狐假虎威)**하는 꼴이 아니꼽기 그지없다.

* 너는 네 힘으로 독립해서 살아야지 누구에게 기대어 **호가호위(狐假虎威)**할 생각하지 말아라.

* 사장님 운전사인 그는 사장의 권위에 기대어 마치 사장인 것처럼 **호가호위(狐假虎威)**하는 모습이 우습기도 하고 안타깝기도 하다.

* 대개 못난 놈들이 **호가호위(狐假虎威)**하는 경향이 있다.

5. 유의어

가호위호(假虎威狐) : 여우가 범의 위세를 빌어 다른 짐승들을 위협한다는 말로, 약자가 강자의 권위를 빌려 뽐내는 것을 비유하는 말.
차호위호(借虎威狐) : 호가호위(狐假虎威)와 같은 말이다.

6. '바를 정' 자를 표시하며 한자 열 번씩 소리 내어 읽으며 외우기

狐	假	虎	威
여우 호	거짓 가	범 호	위엄 위
正正	正正	正正	正正

7. 한자 따라 쓰며 익히기

8획	부수 犬, 犭	ノ ᠀ ᠀ ᠀ ᠀ ᠀ ᠀ 狐 狐		
狐	狐			
여우 호				
11획	부수 人	ノ イ ᠀ ᠀ ᠀ ᠀ ᠀ ᠀ ᠀ 假 假		
假	假			
거짓 가				
8획	부수 虍	᠀ ᠀ ᠀ ᠀ ᠀ 虍 虍 虎		
虎	虎			
범 호				
9획	부수 女	一 厂 ᠀ 厇 威 威 威 威 威		
威	威			
위엄 위				

여섯째 마당 ⑤ 　후안무치 厚顔無恥

1. 한자 뿌리로 해석하기

厚1	顔2	無4	恥3	뻔뻔한(厚) 얼굴(顔)에
두터울 후	얼굴 안	없을 무	부끄러워할 치	부끄러움(恥)이 없음(無).

　'얼굴이 두꺼워 부끄러움이 없다'는 뜻으로, 뻔뻔스러워서 부끄러워할 줄 모르는 것을 말한다.

2. 유래

　중국 하나라 계왕의 아들 태강은 정치를 돌보지 않고 사냥만 하고 놀다가 이웃 나라 왕에게 비참하게 죽었다. 이에 그의 아우 다섯 형제는 나라를 망친 형을 원망하며 차례대로 우임금의 훈계를 노래로 불렀으니, 이를 「오자지가(五子之歌)」라 한다. 다섯 번째 마지막 아우가 부른 노래를 한번 읽어 보자.

　"오호라 어디로 돌아갈꼬. 내 마음의 슬픔이여!

　만백성들이 나를 원수라 하니 나는 장차 누구를 의지하랴.

　답답하고 근심스런 내 마음이여!

　얼굴이 두꺼워도 부끄러움이 있으니, 그 덕으로 섬기지 않았음이라.

　비록 후회한다 해도 누가 따르겠는가?

　이 마지막 구절에서 후안무치(厚顔無恥)라는 성어가 유래되었다고 하는데, 원래는 '얼굴이 두꺼워도 부끄러움을 느낀다'는 말이지만 뒤에 '얼굴이 두꺼워 부끄러움이 없다'는 말로 바뀌었다. 　　　　－『서경』「오자지가」

3. 한자 뜯어보기

厚 두터울 후

기슭 엄(厂)과 두터울 후(旱)가 합해진 글자이다. 계곡(厂)이 깊으면 산이 두터운(旱) 줄 안다. 여기서 '두텁다, 깊다, 크다' 등의 뜻이 나왔다.

※ 후덕(厚德) : 두터울 후(厚) 베풀 덕(德)으로, 두텁게 베풂.
  예 그는 厚德한 사람이다.
※ 중후(重厚) : 무거울 중(重) 두터울 후(厚)로, 태도나 분위기가 무게가 있고 부피가 있음.
  예 그의 첫인상은 重厚한 느낌을 준다.

顔 얼굴 안

소리를 나타내는 선비 언(彦 언→안)과 뜻을 나타내는 머리 혈(頁)이 합해서 형성된 글자이다. 본래는 두 눈썹 사이에 있는 미간을 뜻했으나, 뒤에 '얼굴' 전체를 뜻하게 되었다. 이후 '용모, 체면, 색깔' 등의 뜻이 나왔다.

※ 안면(顔面) : 얼굴 안(顔) 낯 면(面)으로, 얼굴. 서로 얼굴을 알만한 친분.
  예 나는 그와 顔面이 있다.

無 없을 무

원래 갑골문에서 두 손에 깃털을 들고 춤추는 모양을 그린 글자이다. 춤을 출 때는 지위, 신분이나 남녀노소의 구분이 없다는 데서 '없다'라는 뜻이 나왔다고 본다.

※ 안하무인(眼下無人) : 눈 안(眼) 아래 하(下) 없을 무(無) 사람 인(人)으로, 눈 아래 다른 사람이 없음. 사람을 무시함.
  예 사람은 벼락출세하면 자기도 모르게 眼下無人을 하게 되는 경향이 있다. 늘 겸손해야 한다.

恥 부끄러울 치

귀 이(耳)와 마음 심(心)이 합해진 글자로, 마음(心)이 부끄러워지면 귀 (耳)가 빨개진다는 데서 '부끄럽다'는 뜻이 나왔다.

※ 치욕(恥辱) : 부끄러워할 치(恥) 욕되게 할 욕(辱)으로, 부끄럽고 욕됨.
   <예> 사람이 恥辱을 당하지 않으려면 늘 정당하고 바르게 살아야 한다.
※ 염치(廉恥) : 청렴할 염(廉) 부끄러워할 치(恥)로, 남에게 신세를 지거나
   폐를 끼칠 때, 부끄럽고 미안한 마음을 가지는 것.
   <예> 우리 조상들은 사람이 먼저 예의와 廉恥를 가지도록 가르쳤다.

4. 쓰임

* 감히 하인 집안 출신이 명색이 사대부 집 규수와 혼인하겠다니 이는 **후 안무치(厚顔無恥)**라 아니할 수 없다

* 자기가 잘못하고도 오히려 큰소리치는 그의 **후안무치(厚顔無恥)**한 행동 에 기가 막힐 뿐이었다.

* 그 사람들이 하는 짓들이 얼마나 **후안무치(厚顔無恥)**한지 기가 찰 노릇 이다.

* 우리 속담에 '조례(하인)만 있으면 사또질하겠다'라는 말이 있는데, **후안 무치(厚顔無恥)**한 사람과 비슷하다 하겠다.

* 돈을 떼어먹고 도리어 큰소리를 치니 **후안무치(厚顔無恥)**도 어디 정도가 있어야지.

5. 유의어

철면피(鐵面皮) : 쇠처럼 두꺼운 낯가죽이라는 뜻으로, 뻔뻔하고 염치없는 사람 을 이르는 말.

6. '바를 정' 자를 표시하며 한자 열 번씩 소리 내어 읽으며 외우기

厚	顔	無	恥
두터울 후	얼굴 안	없을 무	부끄러워할 치
正正	正正	正正	正正

7. 한자 따라 쓰며 익히기

9획	부수 厂	一 厂 厂 厚 厚 厚 厚 厚 厚		
厚 厚				
두터울 후				
18획	부수 頁	` ﾕ 立 立 产 产 彦 彦 / 彦 彦 彦 所 颜 颜 顔 顔 顔		
顔 顔				
얼굴 안				
12획	부수 火, 灬	' ㇒ 二 仁 仨 鈤 鈤 無 / 無 無 無		
無 無				
없을 무				
10획	부수 心	一 T F F 耳 耳 耵 耶 耻 恥		
恥 恥				
부끄러워할 치				

일곱째 마당

노력이 필요해, 지혜가 필요해

사람은 누구나 잘살고 싶어 한다. 그러나 세상에 공짜는 없다. 공짜가 있다고 생각하는 사람은 정말 어리석은 사람이다. 그러면 잘 살기 위해서는 어떻게 해야 할까? 무엇보다 목표를 정하고 꾸준히 노력하는 수밖에 없다. 성공한 사람들의 공통분모는 목표를 세운 이상 포기하지 않고 끝까지 밀고 나가는 것이다.

그래서 부자가 되고 싶다면 열심히 모으거나 아니면 쓰는 것보다 더 많이 벌어야 한다. 그 외는 방법이 없다. 특히 많이 버는 것보다는 꾸준히 모으는 것이 더 중요하다. 아무리 벌어도 낭비하면 남는 게 없기 때문이다. '티끌 모아 태산'이란 말도 있듯이, 조금씩 모으다 보면 언젠가 큰 산이 이루어질 것이다.

-우공이산(愚公移山)

이처럼 재주가 아무리 뛰어나다 하더라도 노력 없이는 아무것도 이루어지지 않는다. 아인슈타인도 99%의 노력과 1%의 영감이 필요하다고 하지 않았는가. 끊임없이 노력하다 보면 언젠가 목표가 이루어진다.

노력하더라도 정성을 들여야 한다. 아무렇게나 하면서 시간만 보낸다고 저절로 이루어지는 것이 아님을 알아야 한다. 모든 일은 옥을 갈듯 정성을 들여서 갈고 닦고 다듬고 매만져야 이루어지는 것이다.   - 절차탁마(切磋琢磨)

이처럼 모든 일에 정성이 제일 중요한 것임을 깊이 명심해야 한다. 정성을 들이면 그 뜻이 하늘에 닿게 된다. 그러면 하나님도 그 정성에 감동하여 도와주기 마련이다. 그러니 하나님을 감동시켜야 한다.

특히 무엇보다 마무리를 잘해야 한다.   - 화룡점정(畵龍點睛)

무슨 일이든지 끝마무리를 제대로 하지 않으면 그 일은 안 한 것과 마찬가지이다. '끝이 좋으면 다 좋다'는 말이 있으니 모든 일은 마무리가 중요하다는 말이다.

그리고 항상 미래를 대비해야 한다.　　　　　　- 교토삼굴(狡兔三窟)

지혜란 바로 미래에 일어날 일을 미리 알아채고 대비하는 것이다. 그러므로 지혜로운 사람은 앞으로 일어날 모든 일의 가능성에 대비한다. 그것도 하나가 아니라 여러 가지 가능성에 대비해야 한다. 요즘 말로 하면 플랜 A, B, C를 마련하는 것이다.

나아가 항상 자기 일에 최선을 다해야 한다.　　　　- 발분망식(發憤忘食)

공자처럼 자기 일을 하느라 밥 먹는 것도 잊어버릴 정도가 되어야 한다. 자기가 절실하게 원하는 것에 전부를 걸어야 한다. 그러면 불확실성의 안개가 걷히고 앞길이 환하게 밝아질 것이다.

지혜롭게 열심히 살자!

1. 한자 뿌리로 해석하기

愚₁	公₂	移₄	山₃	우공(愚公)이 산(山)을
어리석을 우	노인 공	옮길 이	뫼 산	옮기다(移). (공은 남자를 높이는 말)

  '우공이 산을 옮기다'는 말로, 남들이 보기에는 어리석은 일처럼 보이지만 한 가지 일을 끝까지 밀고 나가면, 우공처럼 언젠가는 목적을 달성할 수 있다는 뜻이다.

2. 유래

  태형산과 왕옥산은 사방 700리에 높이가 만 길이나 되는데, 기주의 남쪽과 하양의 북쪽 사이에 있다. 북산에 사는 우공은 나이가 아흔이 다 되었는데 산이 마주 보이는 곳에 살았다. 그런데 앞에 북산이 가로막고 있어서 출입하려면 길을 돌아가야 해서 불편했다. 이에 우공은 집안 식구들을 모아 놓고 말했다.

  "나와 너희들이 힘을 다해 저 험준한 산을 평평하게 만들면 예주의 남쪽으로 바로 갈 수 있고 한수의 남쪽에도 다다를 수 있는데, 할 수 있겠느냐?"

  모두들 찬성했는데 부인만이 의문을 제기했다.

  "당신의 힘으로는 작은 언덕도 깎아 내지 못하는데, 태형산과 왕옥산 같이 큰 산을 어떻게 깎는단 말이오? 더구나 흙과 돌은 어디다 버린단 말이오?"

  그러자 모두 말했다.

  "발해의 끝과 은토의 북쪽에다 버리면 됩니다."

우공은 짐을 질 수 있는 자손 셋을 데리고 돌을 깨고 흙을 파서 삼태기로 발해의 끝으로 운반했다. 이웃집 과부 경성씨도 칠팔 세 된 어린 아들을 보내왔는데, 통통 뛰어다니며 도왔다. 겨울과 여름이 바뀌는 동안 한 번 왕복했다. 이것을 보고, 하곡에 사는 지수라는 사람이 비웃으며 말했다.

"어리석은 일이다. 당신의 남은 생애와 남은 힘으로는 산의 풀 한 포기도 없애기 어려울 텐데 흙과 돌을 어떻게 없앤단 말이오."

이 말을 들은 우공이 장탄식하며 말했다.

"당신은 생각이 꽉 막혀 있어. 그 막힘이 고칠 수가 없는 정도구려. 과부네 어린아이만도 못하구려. 내가 죽더라도 아들이 있고, 또 손자를 낳으며, 손자가 또 자식을 낳으며, 자식이 또 자식을 낳고 자식이 또 손자를 낳으면 자자손손 끊이지를 않지만, 산은 더 커지지 않으니 어찌 평평해지지 않는다고 걱정할 필요가 있겠소."

이 말에 하곡의 지수는 무어라 대꾸할 수가 없었다. 한편 이 산들을 지키고 있는 조사신이 이를 보고 산이 없어지면 자기들의 거처가 없어질까 두려워하여 상제에게 호소했다. 상제는 우공의 정성에 감동하여 힘의 신인 과아씨의 두 아들에게 명하여 두 산을 업어다 하나는 삭동에 두고, 하나는 옹남에 두게 했다. 이로부터 기주의 남쪽과 한수의 남쪽에는 언덕조차 없게 되었다고 한다.

이 전설은 무엇이든 꾸준히 하면 이루어진다는 뜻이 담겨 있지만, 그것보다 더 중요한 것은 인간이 최선을 다하면 신이 감동하여 도와준다는 것이다. 진인사대천명(盡人事待天命), 즉 사람의 일을 다 하고 하늘의 뜻을 기다린다는 말은 이런 경우를 두고 하는 말이 아닐까.

사람이 하나님을 감동시키면 모든 일이 이루어지는 것이다.

– 출처 : 『열자(列子)』 탕문편(湯問篇)

3. 한자 뜯어보기

愚 어리석을 우

긴 꼬리 원숭이 우(禺)자와 마음 심(心)이 합해진 글자이다. 원숭이는 사람을 닮아서 행동은 인간처럼 하지만, 원숭이(禺)의 마음(心)은 사람과 달라서 '어리석다, 고지식하다'는 뜻이다.

※ 우직(愚直) : 어리석을 우(愚) 곧을 직(直)으로, 어리석고 고지식함.
　　예 그는 愚直하다는 소리를 들을 만큼 고지식하다.
※ 우롱(愚弄) : 어리석을 우(愚) 희롱할 롱(弄)으로, 사람을 바보로 만들어 놀림.
　　예 나는 그때 愚弄당한 듯한 느낌에 기분이 몹시 나빴다.

公 공평할 공

사사 사(厶)와 여덟 팔(八)이 합해진 글자이다. 사(厶)자는 팔을 안으로 굽힌 모양으로 사사롭다는 뜻이고, 팔(八)자에는 나눈다는 뜻도 있다. 그러므로 사사로움(厶)을 넘어서 공정하게 나누었을(八) 때만이 '공평하다'는 뜻이다.

※ 공공(公共) : 공평할 공(公) 함께 공(共)으로, 여러 사람이 모여 함께 함.
　　예 우리는 公共의 장소에서는 반드시 질서를 지켜야 한다.
※ 공무원(公務員) : 공평할 공(公) 힘쓸 무(務) 인원 원(員)으로, 국가 또는 지방공공단체의 사무를 담당하는 사람으로 국가공무원, 지방공무원이 있다.
　　예 요즘은 젊은이들 사이에 公務員이 되려는 사람들이 많다.

移 옮길 이

벼 화(禾)와 많을 다(多)가 합해진 글자이다. 모판의 많은(多) 벼(禾)를 논에 옮겨 심으므로, 여기서 '옮기다, 고치다' 등의 뜻이 나왔다.

※ 이사(移徙) : 옮길 (移) 옮길 사(徙)로, 살던 곳을 떠나 다른 곳으로 옮김.
　　예 우리는 移徙를 자주 하는 편이다.

山 뫼 산

세 개의 산봉우리의 모습을 그려, 연이어진 '산'을 나타냈다.

※ 산천(山川) : 메 산(山) 내 천(川)으로, 산과 내.

예 가끔 고향 山川이 그립다.

※ 등산(登山) : 오를 등(登) 메 산(山)으로, 산에 오름.

예 요즘 운동 삼아 登山하는 사람들이 많지만, 옛날에는 입산하여 수도
하는 사람들이 많았다.

4. 쓰임

* 나는 **우공이산(愚公移山)**이란 말을 책상 앞에 써 붙이고 공부하고 있다.
이렇게 꾸준히 하다 보면 언젠가는 내 꿈이 이루어질 것이다.

* 사람들이 항상 **우공이산(愚公移山)**이란 말을 마음속에 두고 일한다면 모
두 성공할 것이다.

* **우공이산(愚公移山)**이란 말은 쉽지만 이를 행동에 옮기기는 쉬운 일이
아니다.

* **우공이산(愚公移山)**에서 우리가 얻을 수 있는 교훈은 사람이 최선을 다
하면 신이 도와준다는 사실이다.

* **우공이산(愚公移山)**이란 말이 '티끌 모아 태산'이란 말과 같은 뜻일까?

5. 유의어

십벌지목(十伐之木) : '열 번 찍어 넘어가지 않는 나무가 없다'는 뜻으로, 어떤
어려운 일이라도 여러 번 계속하여 끊임없이 노력하면 기어이 이루어지고
만다는 뜻.

적소성대(積小成大) : 작은 것도 쌓이면 크게 됨.

6. '바를 정' 자를 표시하며 한자 열 번씩 소리 내어 읽으며 외우기

愚	公	移	山
어리석을 우	공평할 공	옮길 이	뫼 산
正正	正正	正正	正正

7. 한자 따라 쓰며 익히기

13획	부수 心	ノ 冂 日 日 昌 禺 禺 禺 禺 愚 愚 愚		
愚	愚			
어리석을 우				
4획	부수 八	ノ 八 公 公		
公	公			
공평할 공				
11획	부수 禾	一 二 千 禾 禾 禾 秽 移 移 移 移		
移	移			
옮길 이				
3획	부수 山	l 山 山		
山	山			
뫼 산				

일곱째 마당 ② 절차탁마 切磋琢磨

1. 한자 뿌리로 해석하기

切1	磋2	琢3	磨4	자르고(切), 갈고(磋),
끊을 절	갈 차	쫄 탁	갈 마	쪼고(琢), 갊(磨).

　'옥이나 돌을 자르고 줄로 쓸고 끌로 쪼고 숫돌에 갈아 빛을 내다'라는 뜻으로, 학문이나 인격을 끊임없이 갈고닦음을 말한다.

2. 유래

　공자가 자공과 이야기하면서 『시경』에 나오는 '절차탁마'라는 말을 인용하고 있는 것을 찾아볼 수 있다.

　자공이 말했다.

　"가난하더라고 남에게 아첨하지 않으며 부자가 되더라도 교만하지 않는 사람이 있다면 그런 사람은 어떤 사람일까요?"

　공자가 말했다.

　"좋은 사람이긴 하지만, 가난하더라도 도를 알고 부자가 되더라도 예의를 좋아하는 사람만은 못하겠지."

　자공이 다시 말했다.

　"『시경』에 '아름다운 군자는 뼈나 상아를 잘라서 줄로 간 것처럼 또한 옥이나 돌을 쪼아서 모래로 닦은 것처럼 빛나는 것 같다.'고 나와 있는데, 이는 바로 선생님이 말씀하신 '수양에 수양을 쌓아야 한다.'는 것을 말한 것일까요?"

　공자가 말했다.

　"사(자공)야, 이제 비로소 너와 시를 이야기할 수 있겠구나. 지나간 것을 알려주면 앞으로 올 것까지 안다고 했으니, 너야말로 하나를 듣고 둘을 알 수 있는 사람이구나."

　　　　　　　　　　　　　　　　　　　－ 『논어』 「학이편」

여기서 말하는 『시경』의 시를 한번 읽어보기로 한다.

기수의 저 물가에
푸른 대 우거졌네.
어여쁘신 우리 님은
뼈와 상아 다듬은 듯
구슬과 돌 갈고 간 듯
엄하고 너그럽고
환하고 의젓한 분.
어여쁘신 우리 님을
끝내 잊지 못하겠네.　　　　『시경(詩經)』 위풍(衛風) 「기오(淇奧)」

이 절차탁마(切磋琢磨)의 뜻은 다음과 같다.

'뼈를 자르는 것을 절(切)이라 하고, 상아를 다듬는 것을 차(磋)라 하며, 옥을 쪼는 것을 탁(琢)이라 하고, 돌을 가는 것을 마(磨)라고 한다.

이처럼 절차탁마는 귀한 기물을 만드는 방법이다. 사람의 인격이나 학문도 성취도 이처럼 절차탁마해야 이루어질 것이다.

3. 한자 뜯어보기

切 끊을 절

일곱 칠(七)에 칼 도(刀)가 합해진 글자이다. 칠(七)은 칼로 무엇을 자르는 모양이므로, 칼(刀)로 자르는(七) 것을 말한다. 이로부터 '끊다, 자르다, 밀접하다' 등의 뜻이 나왔다.

일체(一切)처럼 전체를 말할 때는 '체'로 읽는다.

※ 절박(切迫) : 몹시 절(切) 닥칠 박(迫)으로, 기한 등이 몹시 가까이 닥쳐 시간적 여유가 없음.

　예 마감 시간이 다가오자 그는 切迫한 심정으로 원고를 써 내려갔다.

※ 단절(斷切) : 끊을 단(斷) 끊을 절(切)로, 자르거나 베어서 끊음.

　예 그녀는 그와의 교제를 斷切했다.

磋 갈 차

돌 석(石)과 어긋날 차(差)가 합해진 글자이다. 상아 같은 것을 들쭉날쭉하게 어긋난(差) 숫돌(石)에 가는 모습에서 '갈다'라는 뜻이 나왔다.

琢 쫄 탁

구슬 옥(玉)과 발 얽은 돼지 걸음 축(豕)이 합해진 글자이다. 옥(玉)을 쫄 때는 돼지의 발(豕)을 끈으로 묶어 함부로 날뛰지 못하게 하듯이 신중하게 조심해서 '쪼다'는 뜻이 내포되어 있다.

※ 탁미(琢美) : 쫄 탁(琢) 아름다울 미(美)로, 아름답게 갈고 닦음.
　　예 그는 무슨 물건이든지 琢美하는 일을 잘한다.

※ 조탁(彫琢) : 새길 조(彫) 쫄 탁(琢)으로, 보석이나 문장 등을 새기거나 쪼아서 다듬음.
　　예 좋은 글은 몇 번이고 彫琢을 해야만 제대로 된 글이 나온다.

※ 탁마(琢磨) : 쫄 탁(琢) 갈 마(馬)로, 절차탁마(切磋琢磨)와 같은 뜻으로 쓰임.
　　예 우리는 늘 학문과 인격을 琢磨해 가야 한다.

磨 갈 마

삼 마(麻)와 돌 석(石)이 합해진 글자이다. 삼실을 만들고자 삼 껍질을 여러 가닥으로 쪼개고 비비고 꼬아 만들 듯, 돌을 '갈아서 다듬다'의 뜻이다.

※ 마모(磨耗) : 갈 마(磨) 줄 모(耗)로, 마찰된 부분이 닳아서 줄어들거나 없어짐.
　　예 칫솔을 오래 썼더니 칫솔모가 磨耗되어 새것으로 바꾸어야겠다. 모든 것은 세월이 지나면 磨耗되는구나.

※ 연마(研磨) : 갈 연(研) 갈 마(磨)로, 어떤 분야의 일을 갈고 닦음.
　　예 그는 교수가 되기 위해 거의 10년 이상 학문을 研磨하고 있다. 교수가 되는 것은 어려운가 보다.

4. 쓰임

* 우리 선생님은 정말 **절차탁마(切磋琢磨)**하여 학문과 인격을 완성하신 훌륭하신 분이시다.

* 모든 훌륭한 예술품은 무엇보다 우선 **절차탁마(切磋琢磨)**하는 정성으로 이루어진다.

* 무슨 일을 하더라도 **절차탁마(切磋琢磨)**하는 마음으로 한다면 모두 성공할 것이다.

* 박물관에 가면 훌륭한 장인들이 **절차탁마(切磋琢磨)**하여 만든 예술품들이 전시되어 있다.

* 좋은 작품은 어떤 것이든지 **절차탁마(切磋琢磨)**의 고된 과정을 거쳐서 이루어진다.

* 절차탁마(切磋琢磨)는 말하기는 쉬워도 실제 그렇게 하기는 쉬운 일이 아니다.

5. '바를 정' 자를 표시하며 한자 열 번씩 소리 내어 읽으며 외우기

切	磋	啄	磨
끊을 절	갈 차	쫄 탁	갈 마
正正	正正	正正	正正

6. 한자 따라 쓰며 익히기

4획	부수 刀	一 ヒ 切 切		
切	切			
끊을 절				
15획	부수 石	一 厂 丆 石 石 石 石 石 石 磋 磋 磋 磋 磋 磋		
磋	磋			
갈 차				
11획	부수 口	丶 丷 口 叮 叮 叮 呀 珡 珡 啄 啄		
啄	啄			
쫄 탁				
16획	부수 石	丶 丷 广 广 广 广 庐 庐 庐 麻 麻 麻 麿 麿 磨 磨		
磨	磨			
갈 마				

1. 한자 뿌리로 해석하기

畵²	龍¹	點⁴	睛³	용(龍)을 그리고(畵),
그림 화	용 용	점 점	눈동자 정	눈동자(睛)를 점찍어(點) 넣음.

   화가 장승요가 벽에 그린 용 그림에 눈동자를 그려 넣는 순간 용이 하늘
로 올라갔다는 고사에서, '가장 요긴한 부분을 마치어 일을 완성 시킨다'는
뜻이다.

2. 유래

   중국 양나라의 화가 장승요가 금릉에 있는 안락사라는 절의 벽에 용
네 마리를 그렸는데, 눈동자를 그려 넣지 않았다. 그리고는 항상 이렇게
말했다.

   "눈동자를 그리면 용이 날아가 버리기 때문이다.

   어떤 사람이 그 말을 허황된 말로 여기자, 그는 용 한 마리에 눈동자를
그려 넣었다. 그러자 갑자기 천둥이 울리고 번개가 쳐서 벽이 깨지고, 용
이 구름을 타고 하늘로 올라가 버렸다. 눈동자를 그리지 않은 나머지 용들
은 그대로 남아 있었다.

   여기서 용 한 마리에 눈동자를 그려 넣자 용이 하늘로 올라가 버렸다는
전설에서, 용을 그리고 마지막으로 눈동자를 그려 넣어 그림을 완성한다
는 뜻의 '화룡점정'이 유래하였다. 이때부터 중요한 일의 마지막 마무리
작업을 하는 것을 화룡점정(畵龍點睛)이라 부르게 되었다.

-『수형기(水衡記)』

3. 한자 뜯어보기

畵 그림 화

붓으로 그림이나 도형을 그리는 모습에서 '그림, 그리다'라는 뜻이 나왔다.

한문에서는 글자의 위치에 따라 명사가 동사가 되기도 한다. 즉 '그림'이 '그리다'도 된다. 여기서는 '그리다'라는 타동사로 쓰였다.

※ 화가(畵家) : 그림 화(畵) 사람 가(家)로, 그림 그리는 것을 직업으로 하는 사람.

    예 그는 畵家가 되는 것이 꿈이다.

※ 영화(映畵) : 비칠 영(映) 그림 화(畵)로, 영사기로 촬영한 그림을 연속으로 영사막에 비추어 보는 것.

    예 요즘 국산 映畵 중에도 좋은 映畵가 많다.

龍 용 용

갑골문에서 '용'의 모양을 그린 것인데, 후대에 글자 모양이 변하여 지금처럼 되었다.

※ 용안(龍顏) : 용 용(龍) 얼굴 안(顏)으로, 임금의 얼굴을 용의 얼굴로 비유한 말.

    예 옛날에는 임금의 龍顏을 바로 볼 수 없었다고 한다.

點 점 점

검을 흑(黑)과 점 점(占)이 합해진 글자이다. 검은(黑) 색의 작은 '점(占)'이란 뜻이다.

한문에서는 글자의 위치에 따라 명사가 동사가 되기도 한다고 했다. 즉 '점'도 되고, '점찍다'도 된다. 여기서는 '점찍다'라는 타동사가 된다.

※ 점수(點數) : 점 점(點) 셀 수(數)로, 점의 수효로 성적을 나타내는 숫자.

    예 모든 학생이 높은 點數를 받으려고 한다.

※ 허점(虛點) : 빌 허(虛) 점 점(點)으로, 비어 있는 구석.

    예 그는 전혀 虛點이 없는 사람이다.

睛 눈동자 정

눈 목(目)자와 푸를 청(靑)이 합해진 글자이다. 눈(目)의 푸르고 맑은(靑) 부분인 '눈동자'를 뜻한다.

※ 백정(白睛) : 흰 백(白) 눈동자 정(睛)으로, 눈알의 흰자위.
　　예 그녀는 유난히 白睛이 희다.

4. 쓰임

* 생일파티 때, 케이크에 촛불을 켜는 것을 파티의 **화룡점정(畵龍點睛)**이라고 할 수 있을 것이다.

* 설악산 골짜기에 떨어지는 작은 폭포가 **화룡점정(畵龍點睛)**으로 산의 풍치를 돋우고 있다.

* 글을 마무리할 때 주제인 단어 하나가 그 문장의 **화룡점정(畵龍點睛)** 역할을 한다고 할 수 있다.

* 많은 여학생 중에 뛰어난 미모를 자랑하는 지희가 **화룡점정(畵龍點睛)**처럼 빛나 보였다.

* **화룡점정(畵龍點睛)**이란 말이 있듯이, 모든 일은 마무리를 잘해야 한다.

화장의 화룡점정은 무얼까?

립스틱?

6. '바를 정' 자를 표시하며 한자 열 번씩 소리 내어 읽으며 외우기

畫	龍	點	睛
그림 화	용 용	점 점	눈동자 정
正 正	正 正	正 正	正 正

7. 한자 따라 쓰며 익히기

13획	부수 田	ㄱ ㄱ ㄱ 크 聿 聿 畫 畫 畫 畫 畫 畫		
畫	畫			
그림 화				
16획	부수 龍	` ㅗ ㅕ 놔 효 产 育 育 育 龍 龍 龍 龍 龍		
龍	龍			
용 용				
17획	부수 黑	ㅣ ㄇ ㄐ ㄐ 日 甲 里 里 黑 黑 黑 黗 點 點 點 點		
點	點			
점 점				
13획	부수 目	ㅣ ㄇ ㅌ ㅌ ㅌ ㅌ ㅌ 睛 睛 睛 睛 睛		
睛	睛			
눈동자 정				

1. 한자 뿌리로 해석하기

狡 1	兎 2	三 3	窟 4	교활한(狡) 토끼(兎)는 세 개(三)의 굴(窟)을 파놓음
교활할 교	토끼 토	석 삼	굴 굴	

　'꾀 많은 토끼는 세 개의 굴을 파놓는다'는 뜻으로, 사람이 앞으로 닥칠 위험을 미리 준비하여 둠을 비유하여 이르는 말이다.

2. 유래

　중국 제나라에 풍환이란 사람이 있었는데, 그는 집이 매우 가난하였다. 그래서 그는 맹상군이란 사람의 집에 식객으로 들어갔다. 맹상군은 제나라의 귀족으로 당시 재주 있는 사람들을 좋아해서, 찾아오는 사람이 있으면 귀천을 가리지 않고 재워주고 먹여주었다. 그는 당시 이런 식객을 수천 명이나 거느리고 있었다.

　어느 날 맹상군은 풍환에게 그의 봉읍지인 설읍에 가서 백성들에게 꾸어 준 돈을 받아오라고 했다. 떠날 때 풍환을 맹상군에게 물었다.

　"빚을 다 받으면 무엇을 사 올까요?

　"우리 집에 무엇이 부족한가를 보고 부족한 것을 사 오게."

　설읍으로 간 풍환은 돈을 빌려 간 사람들을 모두 불러 모으고, 그들이 가지고 있는 차용증서를 모두 불태워 버렸다. 어리둥절해 있는 사람들에게 그는 맹상군이 빚을 탕감해주라 했다고 말했다. 백성들은 맹상군의 만세를 부르며 기뻐했다.

　풍환이 빈손으로 돌아오자 맹상군은 못마땅한 얼굴을 했다. 그것을 보고 풍환이 말했다.

"본부대로 공자님의 댁에 없는 것을 사 왔습니다. 나리 집안에 지금 부족한 것이 있다면 그것은 의(義)입니다. 그래서 제가 의를 사서 왔습니다."

그로부터 일년 후에 맹상군은 민왕의 노여움을 사 재상 자리에서 물러나게 되었다. 맹상군이 벼슬에서 물러나자 그는 자신의 봉읍지인 설읍으로 내려가야 했다. 설읍 사람들은 그가 온다는 소문을 듣고 백 리 앞까지 마중을 나와 맹상군을 맞이했다. 그것이 풍환이 맹상군을 위해 마련한 첫 번째 굴이었다. 맹상군이 풍환에게 말했다.

"오늘에야 비로소 그대가 사 왔다는 의를 내 눈으로 직접 보게 되었네."

그 말을 받아 풍환이 말했다.

"꾀가 많은 토끼는 굴이 세 개나 있다고 합니다. 그런데 나리께서는 지금 하나밖에 없으니 안심할 수가 없습니다. 앞으로 제가 두 개를 더 만들어 드리지요."

이에 풍환은 두 번째 굴을 만들기 위해 이웃 양나라로 가서 혜왕에게 이렇게 말했다.

"지금 제나라 대신 맹상군은 임금에게 쫓겨나 국외에 있습니다. 맹상군은 재능이 있고 덕이 높은 분입니다. 그를 등용하면 이 나라는 반드시 강성해질 것입니다."

혜왕은 그 말이 맞다고 생각하고 맹상군을 재상으로 모시기로 결정했다. 그래서 사신에게 수레 1백 대와 황금 1천 근을 갖고 설읍으로 가서 맹상군을 데리고 오도록 했다. 그 소식을 들은 제나라 민왕은 무척 놀랐으며, 자신의 경솔함을 후회했다. 그는 즉시 태자의 스승에게 황금 1천 근과 화려하게 장식한 수레, 자신의 보검, 잘못을 사과하는 문서를 가지고 설읍으로 가서 맹상군을 모시고 오도록 했다.

그때 맹상군은 재상의 일을 보는 조건으로, 풍환의 조언에 따라 왕실의 선조 때부터 내려오는 제사 기물들을 설읍에도 나누어주어 왕실의 사당인

종묘를 세우게 해 달라고 했다. 세 번째 굴이다. 민왕은 그 요구를 즉시 들어주었다. 역대 제왕의 위패를 모신 종묘를 자기의 봉읍인 설읍에 설치하여 맹상군은 이후 수십 년 동안 아무런 위협이나 화액을 당하지 않고 순조롭게 제나라 재상을 지냈다. 아무도 제왕들의 종묘를 함부로 훼손할 수 없었기 때문이다.

이렇듯 '교토삼굴(狡兔三窟)'이란 '꾀 많은 토끼는 굴을 세 개 파놓는다'는 뜻으로, 바로 맹상군의 이 일화에서 나온 말이다. 즉 머리 좋은 사람은 미래를 대비하여 여러 가지를 준비한다는 말이다. 요즘 말로 하면 플랜 A, B, C를 마련하는 것이다.

– 『사기』 「맹상군열전」

3. 한자 뜯어보기

狡 교활할 교

개 견(犬, 犭)과 사귈 교(交)가 합해진 글자이다. 사람이 아니라 더러운 개(犭)와 같은 사귐(交)이라 해서 '교활하다'는 뜻이 나왔다.

※ 교활(狡猾) : 교활할 교(狡) 교활할 활(猾)로, 교활하고 음흉함.
　예 그는 정말 狡猾한 사람이니 가까이해서는 안 된다.
※ 교리(狡吏) : 교활할 교(狡) 벼슬아치 리(吏)로, 교활한 벼슬아치나 관리.
　예 나라가 잘되려면 狡吏가 없어야 한다.

兔 토끼 토

토끼의 옆모습, 특히 큰 귀를 강조하여 그린 그림문자로, '토끼'를 말한다.

※ 옥토(玉兔) : 구슬 옥(玉) 토끼 토(兔)로, '달'을 달리 이르는 말.
　예 달에 옥토끼가 있다고 여겨 '달'을 玉兔라고도 한다.

三 석 삼

세 개의 가로획(三)으로 숫자 3을 나타낸다. 3은 동양에서 '천지인'을 상징하는 좋은 숫자로 생각한다.

※ 군자삼락(君子三樂) : 임금 군(君) 아들 자(子) 석 삼(三) 즐길 락(樂)으로, 군자의 세 가지 즐거움. 첫째 부모 형제가 다 살아계신 것, 둘째 하느님과 사람에게 부끄러워할 일이 없는 것, 셋째 천하의 영재를 얻어 교육하는 것을 말한다.

窟 굴 굴

구멍 혈(穴)과 굽힐 굴(屈)이 합해진 글자이다. 몸을 굽히고(屈) 들어가는 구멍(穴)이기에 '굴'이란 뜻이 나왔다.

※ 동굴(洞窟) : 골짜기 동(洞) 굴 굴(窟)로, 굴속의 넓은 골짜기.
  예 우리는 단양의 고수 洞窟 속에서 기기묘묘한 광경들을 보았다.
※ 소굴(巢窟) : 새집 소(巢) 굴 굴(窟)로, 새나 짐승들이 사는 집.
  예 그곳은 도둑놈 巢窟처럼 음침한 기분이 드는 곳이다.

4. 쓰임

* 토끼가 세 개의 굴을 판다는 **교토삼굴(狡兔三窟)**처럼 우리도 플랜 A 플랜 B 플랜 C가 필요한 것이 아닌가?

* 『토끼전』을 보면 토끼가 용왕을 속이는 장면이 나오는데, **교토삼굴(狡兔三窟)**을 한다니 토끼는 정말 지혜로운 동물인 것 같다.

* 사람의 계획은 항상 어긋날 수 있으므로 **교토삼굴(狡兔三窟)**의 자세로 불의의 사고를 대비해야 한다.

* 그는 너무 꾀가 많아서 남들에게 **교토삼굴(狡兔三窟)**이란 별명을 얻었다.

5. '바를 정' 자를 표시하며 한자 열 번씩 소리 내어 읽으며 외우기

狡	兎	三	窟
교활할 교	토끼 토	석 삼	굴 굴
正正	正正	正正	正正

6. 한자 따라 쓰며 익히기

9획	부수 犬, 犭	⺇ ⺉ ⺌ ⺌ ⺌ ⺌ ⺌ 狡 狡		
狡	狡			
교활할 교				
7획	부수 儿, 人	⺆ ⺆ ⺆ 召 召 尹 兎 兎		
兎	兎			
토끼 토				
3획	부수 一	一 二 三		
三	三			
석 삼				
13획	부수 穴	⺀ ⺀ 穴 穴 穴 穴 穾 穾 穽 穽 窟 窟		
窟	窟			
굴 굴				

일곱째 마당 ⑤   발분망식 發憤忘食

1. 한자 뿌리로 해석하기

發₂	憤₁	忘₄	食₃	분함(憤)을 내어(發) 밥(食) 먹는 것도 잊어버림(忘).
필 발	분할 분	잊을 망	밥 식	

'분발해서 밥 먹는 것도 잊어버린다'는 말로, 일을 이루려고 끼니조차 잊고 분발하여 노력함을 말한다.

2. 유래

어느 날 초나라 벼슬아치인 심제량이 공자의 제자인 자로에게 공자가 어떤 인물인지를 물어보았다. 그러나 자로는 제대로 대답할 수가 없었다. 원래 너무 큰 인물은 몇 마디로 설명할 수 없는 법이다.

그 뒤에 공자가 이 사실을 알고 나서 자로에게 말했다.

"너는 왜 '그 사람이 알지 못하는 것이 있으면 분발해서 밥 먹는 것도 잊어버리고[發憤忘食], 또 그것을 깨달으면 즐거워서 근심과 걱정을 다 잊으며, 장차 늙어 죽는다는 것도 알지 못하는 사람입니다'라고 대답하지 않았느냐."라고 하였다.

공자의 이 말을 생각해 보면, 학문을 좋아함이 어떤 것인지 알 수 있다. 즉 모르는 것이 있으면 분발해서 먹는 것도 잊어버릴 정도로 열중하고, 그것을 깨달으면 기뻐서 모든 걱정거리를 잊어서 세월 가는 줄을 모른다는 말이다.

공부하는 사람들이 마땅히 늘 이 말을 기억하고 생각해야 할 것이다.

– 『논어』 「술이편」

3. 한자 뜯어보기

發 필 발

등질 발(癶), 활 궁(弓), 창 수(殳)가 합해진 글자이다. 갑골문을 보면, 도망가는 사람을 향해 화살을 쏘는 모습을 표현한 것이다. 그래서 이 글자의 본래 의미는 '쏘다'나 '발사하다'였다. 이후 '피다, 드러내다' 등의 뜻도 나왔다.

※ 발명(發明) : 드러낼 발(發) 밝은 명(明)으로, 새로운 것을 드러내어 밝힘.
  예 에디슨은 우리 생활에 필요한 많은 물품을 發明하였다.
※ 발사(發射) : 쏠 발(發) 쏠 사(射)로, 총이나 로켓 따위를 쏨.
  예 우리나라도 자랑스럽게 우주선을 發射하였다.

憤 분할 분

마음 심(心)과 크게 솟아오른다는 뜻의 클 분(賁)자가 합해진 글자이다. 마음속(心)에 뭉쳐져 있던 것이 한꺼번에 솟아오른다(賁)는 의미에서 '분하다, 성내다' 등의 뜻이 나왔다.

※ 분노(憤怒) : 분할 분(憤) 성낼 노(怒)로, 분하여 성을 냄.
  예 그의 憤怒가 하늘을 찔렀다.
※ 격분(激憤) : 격할 격(激) 분할 분(憤)으로, 격렬하게 화를 냄.
  예 그는 그 소리를 듣자 왠지 激憤했다.

忘 잊을 망

원래 갑골문에 망할 망(亡)자와 心(마음 심)자가 결합한 모습이다. 망(亡)자는 날이 부러진 칼을 그린 것으로, 망하거나 없어지다 라는 뜻이 있다. 이렇게 없어지다 라는 뜻을 가진 망(亡)자에 마음 심(心)자를 결합하여, '마음에 있는 것을 없애다'라는 뜻으로 만들어졌으니, '잊다, 잊으라'라는 뜻이다.

※ 망각(忘却) : 잊을 망(忘) 물리칠 각(却)으로, 잊어버림.
　　예 학생은 늘 학생의 본분을 忘却해서는 안 된다.
※ 망실(忘失) : 잊을 망(忘) 잃을 실(失)로, 무언가를 잊거나 잃어버림.
　　예 나는 회사의 물건을 忘失하여 돈으로 배상했다.

食 밥 식

 　　갑골문을 보면, 음식을 담는 식기와 뚜껑이 함께 그려져 있었다. 이렇게 음식을 담는 그릇을 그린 것이기 때문에 '밥'이나 '음식', '먹다'라는 뜻을 갖게 되었다.

※ 식사(食事) : 먹을 식(食) 일 사(事)로, 밥 먹는 일.
　　예 건강을 위해서 그는 늘 食事를 규칙적으로 하고 있다.
※ 음식(飮食) : 마실 음(飮) 먹을 식(食)으로, 마시고 먹는 것.
　　예 飮食을 골고루 먹어야 건강에 좋다고 한다.

4. 쓰임

* 정치인들이 과연 나라의 발전을 위하여 **발분망식(發憤忘食)** 하며 일하였던가? 이 말에 '그렇다'라고 대답할 수 있는 정치인이 몇이나 될까.

* 그는 **발분망식(發憤忘食)** 하여 공부한 결과 그가 원하던 대학에 무난히 합격할 수 있었다.

* 이번에 회사는 일에 **발분망식(發憤忘食)** 하며 노력을 기울인 최 부장을 이사로 승진시켰다.

* **발분망식(發憤忘食)** 하며 일할 수 있는 사람은 행복할 것이다. 왜냐하면 그만큼 좋아하는 일을 하기 때문이다.

* 공부하는 학자나 연구자들은 공자의 **발분망식(發憤忘食)** 하는 모습을 늘 염두에 두어야 할 것이다.

5. '바를 정' 자를 표시하며 한자 열 번씩 소리 내어 읽으며 외우기

發	憤	忘	食
필 발	분할 분	잊을 망	밥 식
正正	正正	正正	正正

6. 한자 따라 쓰며 익히기

12획	부수 癶	ノ ヲ ヺ ヺ' 癶 癶 癶 癶 癶 癶 癶 癶 發 發 發		
發 필 발	發			
15획	부수 心	' '' 忄 忄 忄 忄 忄 忄 忄 憤 憤 憤 憤 憤 憤		
憤 분할 분	憤			
7획	부수 心	` 亠 亡 广 忘 忘 忘		
忘 잊을 망	忘			
9획	부수 食	ノ 人 人 今 今 今 食 食 食		
食 밥 식	食			

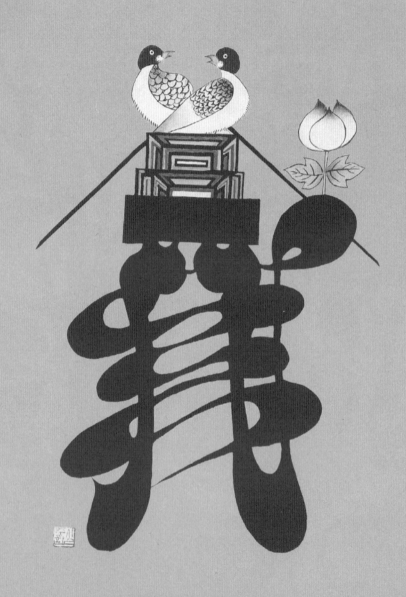

여덟째 마당

겉과 속이 다르다면!

세상 만물에는 모두 겉과 속이 있다. 그리고 그 겉을 보면 대개 속을 짐작할 수 있다. 왜냐하면 대개 겉이 좋으면 속도 좋고 겉이 나쁘면 속도 나쁘기 때문이다. 그래서 우리가 과일이나 생선 같은 것들을 살 때도 겉을 보고 고른다. 이는 사람도 마찬가지이다. 그런데 겉과 속이 다른 사람들도 있다.

어떤 사람은 겉은 사람의 모습을 하고 있으나 속은 짐승 같거나 아니면 짐승보다 못한 사람들도 있다. 겉이 사람이면 속도 사람이어야 하는데 그렇지 않은 것이다.

- 인면수심(人面獸心)

사람은 겉과 속이 같아야 한다. 그런데 겉과 속이 다르다면 이는 결국 상대를 속이는 것이 된다. 사기꾼이 대표적이라고 할 수 있다. 겉으로는 친절하고 정직한 척을 하지만 속에는 다른 마음을 품고 있어서 그렇다. 그래서 나쁜 것이다.

- 표리부동(表裏不同)

이는 마치 양 대가리를 걸어놓고 개고기를 파는 것과 다르지 않다. 양 대가리를 걸면 사람들은 양고기인 줄 알 것이다. 그러나 실은 양고기가 아니라 개고기를 파는 것이다. 이걸 보면 옛날에 양고기가 개고기보다 더 귀했던 모양이다.

-양두구육(羊頭狗肉)

이렇게 겉과 속이 다른 사람은 대개 겉은 화려하지만 속은 빈약한 경우가 많다. 빈약한 속을 감추기 위해 겉을 번쩍거리게 만들기 때문이다. 그러나 실제 속이 찬 사람들은 겉에는 그다지 신경을 쓰지 않는다. 왜냐하면 겉을 꾸미지 않더라도 알찬 속이 겉으로 자연스럽게 드러나기 때문이다. 그러므로 스스로를 속여야 할 필요가 없다.

- 외화내빈(外華內貧)

겉과 속이 다른 사람을 믿을 수 없다. 왜냐하면 그들은 겉으로 복종하는 척 하면서도 속으로는 딴마음을 품는 경우가 많기 때문이다.

- 면종복배(面從腹背)

이렇게 겉과 속이 다른 사람은 우리가 믿을 수 없는 사람들이다. 그러므로 사람들은 그들과 어떤 일을 같이할 수가 없다. 그래서 이런 사람은 사회에서 버림받아 결코 성공할 수 없게 된다.

우리는 어떤 경우에도 자기를 속이는 사람이 되어서는 안 된다. 그러기 위해서는 겉과 속이 같아야 한다.

겉과 속이 같은 사람이 되자!

1. 한자 뿌리로 해석하기

人[1]	面[2]	獸[3]	心[4]	사람(人)의 얼굴(面)에
사람 인	얼굴 면	짐승 수	마음 심	짐승(獸) 같은 마음(心)

'사람의 얼굴을 하고 있으나 마음은 짐승과 같다'는 뜻으로, 남의 은혜를 모르거나 몹시 흉악한 사람을 이르는 말이다. 또한 사람의 도리를 지키지 않으며 배은망덕하거나 행동이 흉악하고 음탕한 사람을 두고 하는 말이다.

2. 유래

인면수심(人面獸心)은 반고가 쓴 「흉노전」에 나오는 말이다.

흉노는 몽골고원·만리장성 일대를 중심으로 활동한 유목 기마민족을 지칭하는 용어이다. 이들은 용감무쌍한 족속으로 주나라 시대부터 계속해서 중국 북방을 침입하여 중국인들을 괴롭혔다.

중국인은 오만하여 자기들을 중화(中華)라 하여 세상의 중심에서 빛나는 민족이라 높이고, 사방의 다른 나라 민족들을 오랑캐라 부르며 멸시했다. 이에 중국인들은 북방 민족들을 북방의 오랑캐라는 뜻으로 이들을 흉노라 불렀다. 중국인들의 이런 오만은 오늘날까지도 쉽게 고쳐지지 않는 것 같다.

반고가 이들 흉노를 묘사한 부분을 한번 읽어 보기로 한다.

'오랑캐들은 머리를 풀어 헤치고 옷깃을 왼쪽으로 여미며, 사람의 얼굴을 하였으되 마음은 짐승 같다'

이 글을 통해 반고가 말한 인면수심은 본래 미개한 종족으로서의 북쪽 오랑캐, 즉 흉노를 일컫는 말임을 알 수 있다. 그들이 흉노를 이렇게 부르는 이유가 '머리를 풀어 헤치고 옷깃을 왼쪽으로 여민다'는 것에 있다. 이는 흉노의 머리 모양이나 옷 입는 관습이 중국과 다르다는 것이다. 이처럼 중국은 자기와 다른 풍속을 존중하고 인정하기보다는 이를 미개한 종족의 풍속이라 일컫는 말에서 중국인들의 오만함을 거듭 읽을 수 있다. 그러나 이웃 나라들끼리 서로 존중하며 친하게 지내는 것이 좋지 않을까.

이처럼 '인면수심'은 원래는 반고가 흉노 사람을 비하하는 말이었으나, 뒤에 이 말이 일반적인 개념으로 바뀌어 남의 은혜를 모르거나, 마음이 몹시 흉악하고 음탕한 사람을 가리킬 때 사용된다.   - 『한서』 「흉노전」

3. 한자 뜯어보기

人 사람 인

남자 어른의 옆모습을 그린 글자로, '남자, 사람'의 뜻이 된다.

※ 인사(人事) : 사람 인(人) 일 사(事)로, 사람들 사이에 지켜야 할 일.

예 사람은 人事를 잘해야 한다. 왜냐하면 사람이 해야 할 일이기 때문이다.

※ 개인(個人) : 낱 개(個) 사람 인(人)으로, 낱낱의 사람.

예 현대 민주사회는 個人의 권리를 최대한 보장한다.

面 얼굴 면

갑골문에서 얼굴에 눈 하나를 그렸는데, 눈이 얼굴의 가장 중요한 부분이라 '얼굴'이란 뜻이 나왔다.

※ 면담(面談) : 낯 면(面) 이야기 담(談)으로, 얼굴을 마주하고 이야기함.

예 나는 어제 대학 진학 문제로 선생님과 面談했다.

※ 표면(表面) : 겉 표(表) 낯 면(面)으로, 겉으로 나타나는 부분.

예 지구의 表面은 약 70%의 물과 30%의 땅으로 구성되어 있다. 이것이 황금비인 것이 신비롭다.

獸 짐승 수

뜰채를 들고 사냥개를 데리고 사냥하는 모습의 그림이다. 원래 '사냥하다'라는 뜻이었는데, 이후 사냥의 대상인 '짐승'을 뜻하게 되었다.

※ 금수(禽獸) : 날짐승 금(禽) 짐승 수(獸)로, 날아다니는 날짐승과 기어다니는 길짐승.

예 그는 禽獸만도 못한 놈이야. 아예 상대하지 마라.

心 마음 심

심장을 그린 그림으로, '마음'을 나타낸다. 동양에서는 고대에 마음이 심장에 있다고 생각했다.

※ 심장(心臟) : 마음 심(心) 내장 장(臟)으로, 몸의 가장 중심이 되는 내장.

예 그는 心臟이 나빠 늘 약을 먹고 있다.

※ 고심(苦心) : 괴로울 고(苦) 마음 심(心)으로, 괴로운 마음.

예 그는 요즈음 결혼 문제로 苦心하고 있다.

4. 쓰임

* 전처의 어린아이를 때려 숨지게 한 **인면수심(人面獸心)**의 계모가 경찰에 검거됐다.

* 어린 학생을 납치하여 성폭행한 **인면수심(人面獸心)**의 범인에게 경찰이 구속 영장을 청구했다.

* 최근 들어 아무런 죄의식 없이 사람을 죽이는 **인면수심(人面獸心)**의 흉악한 범죄가 잇따르고 있다. 정말 윤리 도덕을 바로 세워야 할 것이다.

* 돈을 주지 않는다고 자기 부모를 살해한 사람은 **인면수심(人面獸心)**이라고밖에 할 수 없다.

5. '바를 정' 자를 표시하며 한자 열 번씩 소리 내어 읽으며 외우기

人	面	獸	心
사람 인	얼굴 면	짐승 수	마음 심
正正	正正	正正	正正

6. 한자 따라 쓰며 익히기

2획	부수 人	ノ 人		
人	人			
사람 인				
9획	부수 面	一 一 丆 丙 丙 而 而 面 面		
面	面			
얼굴 면				
19획	부수 犬	(필순 생략)		
獸	獸			
짐승 수				
4획	부수 心	` 心 心 心		
心	心			
마음 심				

1. 한자 뿌리로 해석하기

表¹	裏²	不⁴	同³	겉(表)과 속(裏)이
겉 표	속 리	아닐 부	같은 동	같지(同) 아니함(不).

'겉과 속이 같지 않음'이란 뜻으로, 마음이 음흉하여 겉과 속이 다름을 말한다.

2. 도움말

표리부동(表裏不同)은 겉과 속이 다른 것을 말한다.

세상 만물은 모두 겉과 속이 있다. 그리고 대개는 겉과 속이 같다. 즉 겉이 좋으면 속도 좋고, 겉이 나쁘면 속도 나쁘다. 그래서 우리는 대개 겉을 보고 속을 짐작하며 세상을 살아간다.

물건을 살 때도 그렇다. 특히 과일이나 생선 같은 것을 살 때는 속을 볼 수 없으므로 겉을 보고 고른다. 그런데 우리는 겉이 좋아 샀는데 나중에 속을 보니 좋지 않은 경우가 있다. 그럴 때 우리는 속았다는 심정에 기분이 좋지 않다.

사람도 그렇다. 겉으로 보아 인상이 좋은데, 속은 그렇지 않은 사람도 있다. 예로부터 이름은 사주보다 중요하지 않고, 사주는 관상보다 중요하지 않고, 관상은 마음보다 중요하지 않다는 말이 전해져 온다. 즉 겉으로 알 수 있는 이름이나 사주나 관상보다는 그 속에 있는 마음이 가장 중요하다는 말이다.

그래서 우리는 늘 겉보다는 속을, 즉 얼굴보다는 마음을 아름답게 가꾸어야 한다.

3. 한자 뜯어보기

表 겉 표

털 모(毛)에 옷 의(衣)가 합해진 글자인데, 글자 모양이 변해 지금처럼 되었다. 옷에 털이 난 부분이 겉이므로, '겉, 나타내다' 등의 뜻이 나왔다.

※ 표창(表彰) : 겉 표(表) 드러낼 창(彰)으로, 잘한 일을 세상에 널리 알려 칭찬함.
  예 우리 학교에서는 공부 잘하는 사람에게 상장을 주어 表彰한다.
※ 발표(發表) : 드러낼 발(發) 겉 표(表)로, 어떤 것을 드러내어 알림.
  예 그는 최근에 제작한 자기 작품을 發表하였다.

裏 속 리

마을 리(里)와 옷 의(衣)가 위아래로 합해진 글자다. 마을 리(里)는 사람이 사는 마을 안쪽을 나타낸다. 이에 옷(衣)의 안쪽(里)으로, '속, 안쪽'의 뜻이 되었다.

※ 이면(裏面) : 속 리(裏) 낯 면(面)으로, 사건이나 물체의 속에 있는 면.
  예 경제성장의 裏面에는 많은 산업일꾼의 피와 땀이 서려 있다.
※ 뇌리(腦裏) : 머리 뇌(腦) 속 리(裏)로, 머릿속.
  예 그 사건이 아주 끔찍하여서 아직도 腦裏에 박혀 있다.

不 아닐 부

 이 글자의 어원에 대해서는 의견들이 분분하다. 『설문해자』라는 책에서는 새가 하늘을 날아오르는 모습을 그린 것인데, 올라가서 내려오지 않았기에 '아니다'라는 부정의 뜻이 나왔다고 한다.

※ 불가사의(不可思議) : 아닐 불(不) 가히 가(可) 생각할 사(思) 의논할 의(議)로, 가히 생각하고 헤아릴 수 없는.
  예 잉카 유적지 마추픽추는 7대 不可思議 건축물의 하나이다.

同 같을 동

모두 범(凡)와 입 구(口)가 합해진 글자이다. 모두(凡) 말하다(口)에서 '한 가지, 함께, 모두, 같다' 등의 뜻이 나왔다.

※ 동맹(同盟) : 한가지 동(同) 맹세할 맹(盟)으로, 서로 하나로 행동하기로 맹세함.

　예 한국은 미국과 군사 同盟國이다.

※ 동상이몽(同床異夢) : 같을 동(同) 평상 상(床) 다를 이(異) 꿈 몽(夢)으로, 같은 잠자리에서 다른 꿈을 꿈.

　예 그들은 겉으로는 같이 행동하는 듯하지만 속을 들여다보면 완전히 同床異夢이라 할 수 있다.

4. 쓰임

* 그는 매우 교활하여 **표리부동(表裏不同)**한 사람으로 알려져 있다.

* 그는 몇 년이나 알고 지낸 친구였는데 자기 이익 때문에 이렇게 쉽게 배신하는 걸 보니 이제야 그가 **표리부동(表裏不同)**한 사람이란 걸 알겠네.

* 나는 양심상 **표리부동(表裏不同)**한 행동을 하지 못한다.

* **표리부동(表裏不同)**한 사람은 남들을 오랫동안 속일 수 없으며, 남들에게 믿음을 주지 못한다는 사실을 알아야 한다.

* 나는 속은 뒤에야 그가 **표리부동(表裏不同)**한 사람이란 걸 알았다.

5. 유의어

교언영색(巧言令色) : 다른 사람의 환심을 사기 위해 교묘히 꾸며서 하는 말과 아첨하는 얼굴빛.

구밀복검(口蜜腹劍) : 입에서 나오는 말은 달콤하나 뱃속에는 칼을 감추고 있다는 뜻으로, 말과 생각이 다름을 말함.

6. '바를 정' 자를 표시하며 한자 열 번씩 소리 내어 읽으며 외우기

表	裏	不	同
겉 표	속 리	아닐 부	같을 동
正正	正正	正正	正正

7. 한자 따라 쓰며 익히기

8획	부수 衣	一 十 ≠ 主 声 丰 弄 表		
表	表			
겉 표				
13획	부수 衣	` 亠 亠 市 亩 古 亩 裏 裏 裏 裏 裏		
裏	裏			
속 리				
4획	부수 一	一 プ 才 不		
不	不			
아닐 부				
6획	부수 口	丨 冂 冂 冋 同 同		
同	同			
같을 동				

1. 한자 뿌리로 해석하기

羊 1	頭 2	狗 3	肉 4	양(羊) 머리(頭)에 개(狗) 고기(肉).
양 양	머리 두	개 구	고기 육	

'양 머리를 걸어놓고 개고기를 판다'는 뜻으로, 겉은 좋아 보이나 속은 그렇지 않은 것을 말한다. 혹은 겉과 속이 서로 다르거나, 말과 행동이 일치하지 않을 때를 말한다.

2. 유래

춘추전국시대 제나라 영공의 애첩인 융자가 남장하고 다니자 그것이 유행하여 궁중에서 여자들이 남장하는 풍습이 널리 퍼졌다. 영공도 그것을 즐겼다. 이런 풍습이 차츰 궁 밖에까지 퍼져 일반 여자들도 모두 남장을 하게 되었다. 이에 영공이 그것을 금지하면서, '여자이면서 남자 옷을 입는 자는 옷을 찢어버리고 허리띠를 잘라 버리겠다.'고 하며 남장을 금지시켰으나 서로 눈치만 보면서 쉽게 그치지를 않았다.

영공은 재상인 안자에게 물었다. "과인이 여자가 남장하면 옷을 찢고 허리띠를 자른다고 하는데도 서로 눈치만 보면서 그치지 않는 것은 무엇 때문이오?" 이에 안자가 대답했다.

"왕께서는 궁중의 여자에게는 남장하라고 하시면서 백성들에게만 하지 말라고 하십니다. 그것은 마치 쇠머리를 문에 걸어 놓고 안에서는 말고기를 파는 것과 같은 일입니다(猶懸牛首于門而賣馬肉于內也). 궁중에서 남장을 못 하게 하시면 백성들 사이에서도 저절로 못하게 될 것입니다."

영공은 옳다고 생각하여 궁중에서도 남장하면 안 된다는 명을 내렸다. 그렇게 하니 과연 궁 밖에서도 남장하는 풍습이 사라졌다고 한다.

양두구육(羊頭狗肉)은 이 고사에서 유래한 말이다.

위의 글은 『안자춘추』에서 나온 것인데, 나중에 송나라 『오등회원』에서 "현양두매구육(懸羊頭賣狗肉 - 양 머리를 걸어두고 개고기를 판다)"으로 쇠고기가 양고기로, 말고기가 개고기로 바뀌어, 양두구육이 되었다.

3. 한자 뜯어보기

羊 양 양

양의 굽은 두 뿔과 몸통과 꼬리를 그린 그림으로 '양'을 나타낸다.

※ 양모(羊毛) : 양 양(羊) 털 모(毛)로, 양털.
　예 이 옷은 羊毛로 만들어서 따뜻하다.
※ 산양(山羊) : 뫼 산(山) 양 양(羊)으로, 산에 사는 양.
　예 한라산에서 山羊의 무리를 볼 수 있다.

頭 머리 두

콩 두(豆)에서 소리를 머리 혈(頁)에서 뜻을 취하여 형성된 글자이다. 콩 두(豆)자는 원래 고기 따위를 담는 그릇으로, 머리처럼 둥글게 생겼다. 이에 '머리, 꼭대기, 처음'이라는 뜻을 나타낸다.

※ 두통(頭痛) : 머리 두(頭) 아플 통(痛)으로, 머리가 아픈 증세.
　예 그는 피곤하면 가끔 頭痛이 온다고 한다.
※ 염두(念頭) : 생각할 염(念) 머리 두(頭)로, 머릿속에 있는 생각.
　예 그는 늘 사랑하는 가족들을 念頭에 두고 일을 한다.

狗 개 구

글귀 구(句)에서 소리를 개 견(犬, 犭)에서 뜻을 취하여 형성된 글자로, '개'를 나타낸 글자이다. 큰 개를 견(犬)이라 하고, 작은 개를 구(狗)라 한다.

※ 주구(走狗) : 달릴 주(走) 개 구(狗)로, 사냥꾼 앞에서 달리는 개로 '남의 앞잡이 노릇을 하는 사람'을 비유하는 말.
예 그는 자기 이익을 위하여 나쁜 사람들의 走狗 노릇을 마다하지 않는다.

肉 고기 육

고깃덩어리의 근육을 본뜬 글자로 '고기'를 뜻한다.

※ 육체(肉體) : 고기 육(肉) 몸 체(體)로, 사람의 몸.
예 건강한 肉體에 건강한 정신이 깃든다.
※ 근육(筋肉) : 힘줄 근(筋) 고기 육(肉)으로, 힘줄과 살.
예 그는 운동을 꾸준히 하여 筋肉이 잘 발달해 있다.

4. 쓰임

* 짝퉁을 진짜라고 속여 파는 걸 **양두구육(羊頭狗肉)**이라고 할 수 있다.

* 선진국으로 갈수록 **양두구육(羊頭狗肉)** 같은 짓을 하지 않지만, 후진국으로 갈수록 **양두구육(羊頭狗肉)**과 같은 짓을 많이 한다. 모두 국민소득과 관계되는 일이 아닐까 한다.

* **양두구육(羊頭狗肉)**이란 단어를 보면, 옛날에는 양고기가 개고기보다 귀하고 비쌌던 모양이다.

* **양두구육(羊頭狗肉)**이란 단어를 보면, 옛날에 개고기를 먹었던 모양이다.

5. 유의어

사이비(似而非) : 겉으로 보기에는 비슷하지만, 속으로는 아주 다름.

양질호피(羊質虎皮) : '속은 양(羊)이고, 거죽은 호랑이'라는 뜻.

6. '바를 정' 자를 표시하며 한자 열 번씩 소리 내어 읽으며 외우기

羊	頭	狗	肉
양 양	머리 두	개 구	고기 육
正正	正正	正正	正正

7. 한자 따라 쓰며 익히기

6획	부수 羊	` ` `ˊ` `ˇ` `ˆ` `ˏ` 兰 羊		
羊 羊				
양 양				
16획	부수 頁	`一` `ˊ` `ˇ` `ˆ` `ˏ` `ˑ` `豆` `豆` `豆` `豆` 頭 頭 頭 頭 頭 頭		
頭 頭				
머리 두				
8획	부수 犭, 犬	`ˊ` `ˏ` `犭` `犭` `犳` `犳` 狗 狗		
狗 狗				
개 구				
6획	부수 肉	`l` `冂` `内` `内` 肉 肉		
肉 肉				
고기 육				

1. 한자 뿌리로 해석하기

外 1	華 2	內 3	貧 4
바깥 외	빛날 화	안 내	가난할 빈

겉(外)은 빛나나(華)
속(內)이 비었음(貧)

'겉은 빛나고 화려하나 실속이 없음'을 말한다.

2. 도움말

'빈 수레가 요란하다'는 속담이 있다. 이는 외화내빈(外華內貧)과 같은 뜻이라고도 할 수 있다. 우리 주변에도 보면 잘 알지도 못하는 사람이 더 아는 체하고 떠드는 경우가 많다. 또한 없는 사람이 있는 체하고 허풍을 떠는 경우도 많이 본다.

이와 반대말로 '속에 구렁이가 들어앉는다'는 속담이 있다. 겉보기보다 속에 든 것이 많다는 뜻으로, 주로 어린이들이나 어리숙하게 보이던 사람이 겉과 다르게 아는 것이 많음을 이르는 말이다.

이렇게 사람을 크게 두 종류로 나누어 볼 수도 있을 것이다. 자신은 어느 쪽에 속하는지를 한번 생각해 볼 일이다.

3. 한자 뜯어보기

外 바깥 외

Υ 　갑골문에 막대기에서 삐져 나간 모양을 그렸다. 경계선 밖으로 나간 것이기에 '바깥'이라는 뜻이 나왔다. 글자 모양이 변해 지금처럼 되었다.

※ 외모(外貌) : 밖 외(外) 얼굴 모(貌)로, 밖으로 드러난 얼굴.
　예 요즘 사람들은 내면보다 外貌 가꾸기에 상당히 신경을 쓰는 듯하다.

※ 해외(海外) : 바다 해(海) 밖 외(外)로, 바다 건너 다른 나라.
  예 우리나라 사람들은 유목민 기질이 있는지 海外 여행을 많이 하는 듯
  하다.

華 빛날 화

꽃이 핀 모양을 그려, '꽃, 빛나다, 화려하다' 등의 뜻을 나타낸다.

※ 화교(華僑) : 빛날 화(華) 더부살이 교(僑)로, 외국에 사는 중국 사람. 화
  (華)는 중화인민공화국(中華人民共和國)을 나타낸다.
  예 우리나라의 중화 요리점은 한국인보다는 華僑들이 운영하는 곳이
  많다.
※ 영화(榮華) : 꽃 필 영(榮) 빛날 화(華)로, 몸이 귀하게 되어 이름이 세상에
  빛남.
  예 그는 평생 부귀와 榮華를 누렸다.

內 안 내

덮을 멱(冖)과 들 입(入)이 합해진 글자이다. 덮개(冖) 속에 든(入) 어떤
것을 그려, '안쪽'의 뜻을 나타내었다.

※ 내부(內部) : 안 내(內) 나눌 부(部)로, 사물의 안쪽 부분.
  예 올해로 지어진 지 10년이 된 우리 집 內部를 큰마음 먹고 수리하며
  단장했다.
※ 안내(案內) : 책상 안(案) 안 내(內)로, 어떤 내용을 알려줌.
  예 나는 이번 행사의 案內를 맡기로 했다.

貧 가난할 빈

나눌 분(分)과 조개 패(貝)가 합해진 글자이다. 재물(貝)을 여러 개로 나누
니(分) 부족하므로, '부족하다, 가난하다'의 뜻이 나왔다. 옛날에는 조개가
돈 역할을 했다.

※ 빈부(貧富) : 가난할 빈(貧) 넉넉할 부(富)로, 가난함과 넉넉함.

  예 사회의 貧富 격차를 줄여야 사회가 안정된다.

※ 빈혈(貧血) : 가난할 빈(貧) 피 혈(血)로, 혈액 속에 적혈구나 헤모글로빈이 부족한 상태.

  예 그는 貧血로 자주 쓰러진다.

4. 쓰임

* 수출량은 작년보다 많이 늘었으나 영업이익은 오히려 줄어들었으니, 올해의 경제는 **외화내빈(外華內貧)**이라 할 만하다.

* 속이 빈 사람일수록 겉을 꾸미길 좋아하니, **외화내빈(外華內貧)**이란 말이 여기에 꼭 들어맞는다.

* 세계 최대 규모의 영화제라고 선전하던 이번 대회가 실제는 제대로 된 영화가 출품되지 않아 문자 그대로 **외화내빈(外華內貧)**이 되고 말았다.

* 요즘은 속보다 겉을 꾸미는 걸 좋아하니 **외화내빈(外華內貧)**의 시대라고 할 만하다.

* 우리 속담에 '소문난 잔치에 먹을 것 없다'라는 말이 있는데, 이를 **외화내빈(外華內貧)**이라 할 수 있을까?

5. '바를 정' 자를 표시하며 한자 열 번씩 소리 내어 읽으며 외우기

外	華	内	貧
바깥 외	빛날 화	안 내	가난할 빈
正正	正正	正正	正正

6. 한자 따라 쓰며 익히기

5획	부수 夕	′ ク タ 歽 外		
外 外				
바깥 외				
12획	부수 艹	′ 十 十 艹 艹 芢 芢 萛 萛 萛 萛 華		
華 華				
빛날 화				
4획	부수 入	｜ 冂 冋 内		
内 内				
안 내				
11획	부수 貝	′ 八 今 分 分 分 貧 貧 貧 貧 貧		
貧 貧				
가난할 빈				

1. 한자 뿌리로 해석하기

面 1	從 2	腹 3	背 4	겉(面)으로는
낯 면	따를 종	배 복	등질 배	따르는(從) 척하나 속(腹)으로는 등짐(背).

'겉으로는 순종하는 체하면서 속으로는 다른 마음을 먹고 배반함'을 말한다.

2. 도움말

　면종복배(面從腹背)라는 말의 면(面)은 '얼굴'로 사람의 앞쪽을 가리키고, 배(背)는 '등'을 뜻하는 글자로 사람의 뒤쪽을 가리킨다. 앞의 반대인 뒤, 그래서 배신이라는 의미가 파생되었다. 믿음을 등진다는 말이다. 우리 속담 가운데 '앞에서 꼬리치는 개가 뒤에서 발뒤꿈치 문다.'는 말이 있는데 바로 면종복배하는 개라고 할 수 있다.

　사람이란 생각과 달리 연약한 존재이기도 하다. 그래서 자신에게 유리할 때는 복종하는 척하지만, 자기에게 불리해지면 금방 등을 돌리고 배신하기도 한다.

　그러나 사람에게 가장 중요한 것은 의리라고 할 수 있다. 의를 중요하게 여기는 마음이다. 그러므로 사람이 사람다운 사람이 되기 위해서는 혹 자기에게 불리하더라도 상대를 배신해서는 안 된다. 하늘이 무너져도 약속을 지키고 의리를 지키는 사람만이 사회에서 사람다운 사람으로 대접받을 수 있다. 그러므로 우리는 앞에서만이 아니라 뒤에서도 같은 생각과 행동을 해야 할 것이다.

3. 한자 뜯어보기

面 낯 면

갑골문에서 얼굴에 눈 하나를 그렸는데, 눈이 얼굴의 가장 중요한 부분이라 '얼굴'이란 뜻이 나왔다.

※ 면도(面刀) : 낯 면(面) 칼 도(刀)로, 얼굴의 수염을 깎는 칼, 또는 그 일.

예 나는 아침마다 面刀를 한다.

※ 면접(面接) : 얼굴 면(面) 이을 접(接)으로, 서로 얼굴은 마주하고 봄.

예 나는 필기시험보다 面接시험이 더 부담스럽다

從 따를 종

원래 한 사람이 다른 사람을 따라가는 그림으로 '좇다, 따르다'의 뜻인데, 뒤에 글자 모양이 바뀌어 지금처럼 되었다.

※ 종사(從事) : 따를 종(從) 일 사(事)로, 어떤 일을 함.

예 그는 어업에 從事하고 있다.

※ 순종(順從) : 순할 순(順) 따를 종(從)으로, 순순히 따름.

예 그는 늘 부모님에게 順從하는 착한 아들이다.

腹 배 복

고기 육(肉, 月)이 뜻을 나타내고, 돌아올 복(复)이 소리를 나타내는 것으로 형성된 글자이다. 신체 기관인 몸을 뜻하는 글자이기에 고기 육(月)자가 쓰였다. 사람의 '배'를 뜻한다.

※ 복안(腹案) : 배 복(腹) 생각 안(案)으로, 마음속의 생각.

예 그는 그 일에 대해 자기의 腹案을 가지고 있는 듯하다.

※ 심복(心腹) : 마음 심(心) 배 복(腹)으로, 마음 놓고 일을 맡길 수 있는 부하.

예 그는 정직하여 사장이 그를 그의 心腹으로 생각하고 있는 듯하다.

背 등 배

북녘 북(北)과 고기 육(肉, 月)이 합해진 글자이다. 몸(月)의 북쪽(北)인 뒤쪽의 '등'을 말한다. 사람들이 남쪽을 바라보므로 북쪽은 뒤쪽이 된다. 이 로부터 '등, 뒤쪽, 등지다, 위반하다' 등의 뜻이 나왔다.

※ 배반(背反) : 등질 배(背) 되돌릴 반(反)으로, 등지고 돌아섬.
　圓 그는 신의를 背反한 나쁜 사람이다.

※ 배후(背後) : 등 배(背) 뒤 후(後)로, 사건 따위에 표면으로 드러나지 않는 뒷부분.
　圓 너는 그 사건의 背後 인물이 누구인지 아느냐?

4. 쓰임

* 한 나라의 지도자라면 주변에 **면종복배(面從腹背)**하는 간신배들을 한눈에 알아보는 식견이 있어야 한다.

* 독재자 아래에서는 살아남기 위해서 자연 **면종복배(面從腹背)**하는 무리가 생길 것이다.

* 저 사람은 원체 교활해서 아무런 거리낌 없이 **면종복배(面從腹背)**를 밥 먹듯이 한다.

* **면종복배(面從腹背)**하는 사람들은 대체 무슨 생각을 하고 있을까?

5. 유의어

소리장도(笑裏藏刀) : 웃음 속에 칼을 감춘다는 뜻으로, 말은 좋게 하나 마음속으로는 해칠 뜻을 가진 것을 비유하여 일컫는 말.

동상이몽(同床異夢) : 같은 침상에서 서로 다른 꿈을 꾼다는 뜻으로, 겉으로는 같이 행동하면서 속으로는 각기 딴생각을 함을 이르는 말

6. '바를 정' 자를 표시하며 한자 열 번씩 소리 내어 읽으며 외우기

面	從	腹	背
낯 면	따를 종	배 복	등 배
正正	正正	正正	正正

7. 한자 따라 쓰며 익히기

9획	부수 面	一 一 一 一 一 一 一 一 一 面		
面 面				
낯 면				
11획	부수 彳	′ ′ 彳 彳 彳 彳 從 從 從 從 從		
從 從				
따를 종				
13획	부수 月, 肉	丿 月 月 月 肸 胪 胪 脂 脂 肺 膈 膈 腹		
腹 腹				
배 복				
9획	부수 月, 肉	丨 丬 丬 丬 北 北 背 背 背		
背 背				
등 배				

아홉째 마당

어느 세월에 뜻한 바가 이루어질까

세상에 필요 없는 것은 없다. 모든 것은 다 쓸모가 있어 있는 것이다. 마찬가지로 누구나 모두 쓸모가 있어서 태어났다고 보아야 할 것이다. 즉 누구나 자기 할 일이 있어 태어났다는 말이다. 그러면 그 일이 무엇일까? 그것은 사람마다 다를 것이다. 그래서 우리는 태어난 이상 자기가 할 일을 하고 죽어야 할 것이다. 그것이 성공한 인생일 것이다. 그런데 그렇지 못한 사람들도 많다. 왜 그럴까?

인생 최대의 적은 무엇일까? 그것은 자포자기가 아닐까 한다. 이는 외부의 어떤 힘에 의해서가 아니라, 해보지도 않고 자기 스스로 포기해 버리기 때문이다. 스스로 포기해 버리는 사람은 어떻게 해볼 도리가 없다. 외부에서 누가 도와주려야 도와줄 수도 없기 때문이다.　　　　　　　　　 - 자포자기(自暴自棄)

다음으로는 자기가 무슨 일을 해야 하는지도 모르고 헤매는 사람이다. 즉 자기가 해야 할 일이 무엇인지도 모르고, 지금 무엇을 하고 있는지도 모르는 사람이다. 마치 안개 속에서 길을 잃은 사람이라고나 할까.
　　　　　　　　　　　　　　　　　　　　　　 - 오리무중(五里霧中)

또한 자기가 할 일을 열심히 하지 않는 사람이다. 어떤 일을 할 때는 계획을 세우고 매일매일 그 일에 매달려야 한다. 그러나 자기 일을 마치 남의 일 보듯이 하면서 세월아 네월아 하며 지내는 사람들이 있다. 이렇게 살면 자기 일이 이루어질까? 아마 백년을 살아도 이루지 못할 것이다.

무엇보다 부지런히 열심히 해야 한다.　　　　　　　 - 백년하청(百年河清)

누구나 일을 시작하면 늘 처음에는 잘한다. 그러나 작심삼일(作心三日)이라는 말이 있듯이 시간이 지나면서 흐지부지해지기 일쑤이다. 그러므로 사람은 무슨 일이든지 처음 시작할 때처럼 끝까지 해야 한다. 그래야 일이 이루어진다.

- 시종여일(始終如一)

그러나 꾸준히 한다는 것은 정말 어렵다. 그것이 쉽다면 세상에 실패할 사람들이 없을지 모른다. 그래서 대부분 사람은 시작은 거창하게 하지만 끝맺음을 잘하지 못한다.

- 용두사미(龍頭蛇尾)

우리는 용두사미가 아니라 시종여일하는 사람들이 되어야 할 것이다.

끝까지 잘하자!

아홉째 마당 ① 자포자기 自暴自棄

1. 한자 뿌리로 해석하기

自 1	暴 2	自 3	棄 4	스스로(自)를 해치고(暴)
스스로 자	해칠 포	스스로 자	버릴 기	스스로(自)를 버림(棄)

자기 자신을 해치고 버린다는 뜻으로, 몸가짐이나 행동을 마음대로 하는 것을 말한다.

2. 유래

맹자가 말했다.

'스스로 해치는 자는 더불어 말할 수 없고, 스스로 버리는 자는 더불어 일할 수 없으니, 말할 때 예의를 비방하는 것을 자포(自暴)라 하고, 내 몸은 인(仁)에 있으나 의(義)를 따를 수 없다고 하는 것을 자기(自棄)라 이른다.'

자포자기(自暴自棄)란 이 말에서 나왔다. 이 말을 조금 쉽게 풀어보면 다음과 같다. 스스로 자기 몸을 해치는 사람은 예의를 지키는 것을 비웃고 헐뜯으니, 이런 사람과 더불어 말하면 그 사람을 믿어줄 수가 없다. 또한 스스로 자기 몸을 버리는 사람은 인의가 좋다는 것은 알지만 게으름에 빠져 지키지 않는 것이니, 이런 사람과 더불어 일하면 반드시 힘써서 일하지 않을 것이니 같이 일할 수 없다.

그러므로 사람은 예의를 지키고 인의를 실천하여 자포자기하는 사람이 되어서는 안 된다.

- 『맹자』 「이루상편」

3. 한자 뜯어보기

自 <u>스스로 자</u>

코의 모습을 정면에서 그린 그림문자이다. 코는 사람 얼굴의 중심이자 자신을 가리키는 위치이기도 하다. 그래서 우리는 보통 자신을 가리킬 때 손가락이 자기 얼굴을 향하게끔 한다. 이러한 의미에서 뒤에 '자기'나 '스스로'라는 뜻을 갖게 되었다.

※ 자신(自身) : 스스로 자(自) 몸 신(身)으로, 자기 몸.
　예 우리는 자기 自身을 소중히 여겨야 한다.
※ 자연(自然) : 스스로 자(自) 그러할 연(然)으로, 스스로 그러함.
　예 우리는 自然을 보호하기에 앞서 自然을 사랑해야 한다.

暴 사나울 포

원래 날 일(日)과 날 출(出)과 두 손으로 받들 공(廾)과 쌀 미(米)가 합해진 글자이다. 해가 나오자 벼들 두 손으로 들고 말리는 모습이다. 본래 강한 햇살을 나타냈는데, 여기서 '사납다, 포악하다, 헤치다' 등의 뜻이 나왔다. 따라 '폭'으로도 읽는다.

※ 포악(暴惡) : 사나울 포(暴) 악할 악(惡)으로, 행동이 사납고 마음이 악함.
　예 그는 暴惡하다고 소문이 났다.
※ 폭리(暴利) : 사나울 폭(暴) 이로울 리(利)로, 사나울 정도로 부당한 이익.
　예 그는 희귀품으로 暴利를 취하였다.

自 <u>스스로 자</u>

코의 모습을 정면에서 그린 그림문자이다. 코는 사람 얼굴의 중심이자 자신을 가리키는 위치이기도 하다. 그래서 우리는 보통 자신을 가리킬 때 손가락이 자기 얼굴을 향하게끔 한다. 이러한 의미에서 뒤에 '자기'나 '스스로'라는 뜻을 갖게 되었다.

※ 자유(自由) : 스스로 자(自) 말미암을 유(由)로, 자기 마음대로 할 수 있는 상태.
　예 인간은 무엇보다 自由를 원한다.

棄 버릴 기

버릴 기(弃)와 나무 목(木)이 합해진 글자이다. 갑골문에서는 나무(木)로 만든 키에 죽은 아이를 담아 버리는(弃) 모습에서 '버리다'가 나왔다.

※ 기아(棄兒) : 버릴 기(棄) 아이 아(兒)로, 자기의 아이를 버림, 또는 그렇게 버려진 아이.

　예 보육원은 棄兒들을 돌보는 곳이다.

※ 폐기(廢棄) : 그만둘 폐(廢) 버릴 기(棄)로, 그만두거나 내다버림.

　예 그는 유통기한이 지난 식품들은 아낌없이 廢棄한다.

4. 쓰임

* 자포자기(自暴自棄)는 실패의 지름길이다. 어떤 경우에도 자포자기(自暴自棄)해서는 안 된다.

* 그는 최선을 다했지만 실패하자 이제 될 대로 되라지 하는 자포자기(自暴自棄)의 심정에 빠졌다.

* 그는 마치 자포자기(自暴自棄)한 사람처럼 맨날 술만 마시며 횡포를 부리고 다닌다.

* 그 환자는 더 이상의 치료방법이 없다는 의사의 말에 자포자기(自暴自棄)하는 심정이 되었다.

* 사업에 실패하고 아내마저 떠나자 그는 자포자기(自暴自棄)한 나머지 결국 세상을 떠나고 말았다.

5. 유의어

패배주의(敗北主義) : 자포자기하는 태도.

6. '바를 정' 자를 표시하며 한자 열 번씩 소리 내어 읽으며 외우기

自	暴	自	棄
스스로 자	해칠 포	스스로 자	버릴 기
正正	正正	正正	正正

7. 한자 따라 쓰며 익히기

6획	부수 自	' 亻 冂 白 自 自		
自	自			
스스로 자				
15획	부수 日	丶 口 曰 日 旦 旱 暴 暴 暴 異 暴 暴 暴 暴 暴		
暴	暴			
해칠 포				
6획	부수 自	' 亻 冂 白 自 自		
自	自			
스스로 자				
12획	부수 木	丶 亠 亠 亠 产 卒 奄 奄 棄 棄 棄		
棄	棄			
버릴 기				

아홉째 마당 ②　　오리무중 五里霧中

1. 한자 뿌리로 해석하기

五¹	里²	霧³	中⁴	오리(五里)나 되는
다섯 오	거리 리	안개 무	가운데 중	안개(霧) 속(中)에 있음.

'안개가 5리나 끼어 있는 가운데 있다'는 뜻으로, 무슨 일에 대하여 방향이나 상황을 알 길이 없음을 이르는 말이다. 그리하여 일의 갈피를 잡지 못하고 헤매고 있는 모습을 말한다.

2. 유래

후한 때의 학자 장패의 아들 장해는 여러 고전에 정통한 학자로, 제자가 백여 명에 이르렀다. 그의 명성을 듣고 이름 있는 학자들과 세도가들이 모두 그와 가까이하려고 노력했다. 그러나 그는 아버지와 마찬가지로 세속의 사람들과 어울리기를 싫어하여 시골로 들어가 숨어 살았다. 집이 가난하고 일이 없었으므로 항상 나귀가 끄는 수레를 타고 읍내에 나가 약초를 팔아 생계를 유지했다. 당시 관리들이 그를 임금에게 천거하여 장릉 태수에 임명했으나, 그는 끝내 벼슬길에 나가지 않고 오히려 더 깊은 산골인 고향 홍농산 골짜기에 숨어버렸다. 이에 많은 학자와 제자가 그를 좇아 이곳으로 오니, 그가 거주하는 곳에 시장이 생길 정도가 되었다고 한다.

또한 그는 학문뿐만 아니라 도술에도 능하여 안개를 일으켜 5리 안을 뒤덮게 만들 수 있었다고 한다. 그래서 나라에서 그에게 벼슬하라고 사신을 보내면 그는 5리까지 안개를 일으켜 그 속에 숨어버리곤 했다. 여기서 오리무(五里霧), 즉 '5리의 안개'라는 말이 생겨났다.

오리무중(五里霧中)은 이처럼 처음에는 '오리무(五里霧)'였으나, 나중에 중(中)가 덧붙어서 '5리나 되는 안개 속에서 길을 잃으면 방향을 전혀 분간할 수 없다'는 뜻이 나온 것이다.

　　　　　　　　　　　　　－『후한서(後漢書)』「장해전」

3. 한자 뜯어보기

五 다섯 오

X 두 획이 교차한 X자를 '다섯'을 나타내는 약속 부호로 사용했다. 이후 글자 모양이 지금처럼 되었다.

※ 오행(五行) : 다섯 오(五) 갈 행(行)으로, 우주 만물을 이루는 다섯 가지 원소인 목화토금수가 움직이며 가는 길.
  예 음양(陰陽)五行은 고대 동양철학의 근본 요소가 된다.
※ 오선지(五線紙) : 다섯 오(五) 줄 선(線) 종이 지(紙)로, 악보를 그릴 수 있게 다섯 줄을 그은 종이.
  예 작곡가들은 五線紙 위에 곡을 써넣는다.

里 거리 리

흙 토(土)와 밭 전(田)이 합해진 글자이다. 땅(土) 위에 밭(田)을 일군 곳이 '마을'이라는 뜻이다. 혹은 거리를 재는 단위로도 쓰이는데, 보통 400m를 1리라 한다.

※ 불원천리(不遠千里) : 아닐 불(不) 멀 원(遠) 일천 천(千) 거리 리(里)로, 천 리도 멀다고 여기지 않음.
  예 그 먼 곳에서 不遠千里하고 와주셔서 고맙습니다.

霧 안개 무

비 우(雨)와 힘쓸 무(務)가 합해서 형성된 문자이다. 무(務)자에는 덮는다는 뜻이 있으므로, 공중을 덮는(務) 수증기(雨) 즉 '안개'를 뜻한다.

※ 무산(霧散) : 안개 무(霧) 흩을 산(散)으로, 안개처럼 흩어져 사라짐.
  예 그 일이 안타깝게도 霧散되었다.
※ 운무(雲霧) : 구름 운(雲) 안개 무(霧)로, 구름과 안개.
  예 오늘 아침 산이 雲霧에 싸여 아무것도 볼 수 없었다.

中 가운데 중

中 옛날 부족 사회에서 중요한 행사가 있으면 땅의 가운데(中)에다가 자기 부족을 나타내는 깃발을 세우고 사람들을 불러 모았다. 이에서 '가운데, 중앙, 중심' 등의 뜻이 나왔다.

※ 중단(中斷) : 가운데 중(中) 끊을 단(斷)으로, 가운데서 끊어짐.
　　예 어떤 일이 있어도 그 일을 中斷해선 안 된다.
※ 집중(集中) : 모일 집(集) 가운데 중(中)으로, 한 곳을 중심으로 모임, 또는 그렇게 모음.
　　예 시끄러운 전철 속에서도 오직 공부에만 集中하는 학생들이 있다. 정말 대단한 集中力이다.

4. 쓰임

* 살인사건이 발생한 지 열흘이 지났지만, 아직도 살인범의 행방이 **오리무중(五里霧中)**이다. 이번 사건은 아마도 영원히 풀지 못하는 미제 사건으로 남지 않을지 걱정이다.

* 국내 대학교수들이 2001년을 나타내는 한자성어로 '**오리무중(五里霧中)**'을 선택했다.

* 어머니는 작년에 가출한 아들의 행적을 애타게 찾고 있지만, 아직도 **오리무중(五里霧中)**을 헤매고 있다.

* 사건이 **오리무중(五里霧中)**에 빠지지 않게 빨리 범행 단서를 찾아주길 부탁하네.

* 이번 살인사건은 너무 계획적인 범행이어서 범인의 행방이 **오리무중(五里霧中)**이다.

5. '바를 정' 자를 표시하며 한자 열 번씩 소리 내어 읽으며 외우기

五	里	霧	中
다섯 오	거리 리	안개 무	가운데 중
正 正	正 正	正 正	正 正

6. 한자 따라 쓰며 익히기

4획	부수 二	一 丁 五 五		
五	五			
다섯 오				
7획	부수 里	丨 冂 曰 日 甲 甲 里		
里	里			
거리 리				
19획	부수 雨	一 宀 宀 雨 雫 雫 雫 雫 雫 雫 雫 霏 霏 霚 霚 霧 霧		
霧	霧			
안개 무				
4획	부수 丨	丨 冂 口 中		
中	中			
가운데 중				

아홉째 마당 ③ 　백년하청 百年河淸

1. 한자 뿌리로 해석하기

百 1	年 2	河 3	淸 4	백(百) 년(年)이
일백 백	해 년	강 하	맑을 청	지나야 황하(河)가 맑아지리오(淸)

　'백 년이 지나도 황하의 물이 맑아질까'라는 뜻으로, 오랫동안 기다려도 바라는 것이 이루어질 수 없음을 이르는 말이다.

2. 유래

　　춘추전국시대에 강대국인 초나라가 정나라를 공격해 왔다. 약소국이었던 정나라는 여러 강대국 틈에 끼어 항상 시달렸다. 이때 정나라의 경대부 여섯 명이 회의를 열었다. 이들의 반은 초나라에 항복하자고 했고, 나머지 반은 진나라에 구원을 요청하자고 주장하였다.

　　이에 항복하자던 측의 경대부의 자사가 주나라의 시를 인용하며 말했다.

　　'황하의 물이 맑아지기를 기다리는 동안 어느새 사람은 늙어 죽을 것이다. 또한 점을 쳐서 일하는 사람이 많으면 의견들이 갈려서 그물에 걸려 움직일 수가 없게 될 것이다.'

　　이 시를 인용하고 나서, "대책을 세우는 사람이 많으면 일을 이루지 못하니 예물을 갖추어 초나라와 진나라 국경에서 기다리고 있다가 강한 쪽에 붙어 백성을 지키는 것이 좋지 아니한가?"라고 말했다.

　　이후 결국 강한 나라인 초나라와 화친하였다.

　　백년하청(百年河淸)은 여기에서 나왔다. 황하는 중국 칭하이성에서 발원하여 장장 5천 5백 킬로미터의 중국을 달려와 발해만으로 흘러든다.

황하문명이란 말이 있듯이, 황하는 예로부터 중국 문명의 상징이었다. 이 강은 황투고원을 통과하기 때문에 엄청난 양의 흙과 모래를 실어 나른다. 그래서 옛날부터 황토물이었던 황하는 지금도 황토빛이다. 그러니 길어야 백 년을 사는 인간이 어찌 황하가 맑아지는 것을 볼 수 있겠는가. 백년하청은 곧 중국의 황하가 어느 때에 맑아지겠느냐는 뜻이다. 그러므로 아무리 오래 기다려도 어떤 일이 이루어지기 어려움을 이르는 말이다.

-『춘추좌씨전(春秋左氏傳)』

3. 한자 뜯어보기

百 일백 백

갑골문에 엄지손가락의 모양에 가로 획(一)을 더하여, '일백'의 뜻을 나타냈다. 이렇게 옛날에는 엄지손가락을 펴서 '백'을 나타냈다고 한다.

※ 일벌백계(一罰百戒) : 한 일(一) 벌할 벌(罰) 일백 백(百) 경계할 계(戒)로, 한 사람에게 벌을 줌으로써 백 사람을 경계함.
　예 우리 선생님은 한 학생에게 중벌을 주어서 다른 학생들에게 경각심을 일으키게 하는 一罰百戒의 수법을 가끔 사용하신다.

年 해 년

원래 익은 벼를 지고 돌아오는 모습으로 풍년이 들었다는 뜻인데, 뒤에 '한 해'라는 뜻으로 바뀌고 글자 모양도 지금처럼 되었다.

※ 금년(今年) : 이제 금(今) 해 년(年)으로, 지금이 속해 있는 해.
　예 今年 여름은 유난히 더웠다.
※ 매년(每年) : 마다 매(每) 해 년(年)으로, 해마다.
　예 그는 每年 정초에 태백산을 오른다.

河 강 하

물 수(水)가 뜻을 나타내고 옳을 가(可 가→하)가 음을 나타내는 글자가
합해서 형성된 글자이다. 본래 하(河)자는 '황하'를 가리키는 고유명사였으
나, 뒤에 일반적인 '강'을 가리키는 보통명사로 바뀌었다.

※ 하천(河川) : 물 하(河) 내 천(川)으로, 강과 시내.
　 예 요즘 정화작업으로 河川이 많이 깨끗해졌다.

淸 맑을 청

물 수(水, 氵)와 푸를 청(靑)이 합해진 글자이다. 깨끗한 물은 푸르게 보여
'맑다, 깨끗하다'의 뜻이 나왔다.

※ 청결(淸潔) : 맑을 청(淸) 깨끗할 결(潔)로, 맑고 깨끗함.
　 예 항상 몸이 淸潔해야 건강에 좋다.

4. 쓰임

* 또 예산 타령이니 산적한 복지 문제의 해결은 **백년하청(百年河淸)**이 될
　수밖에 없겠구나.

* 허구한 날 손님도 없는 식당에 붙어 있어봤자 **백년하청(百年河淸)**이니,
　차라리 공사판에 가서 일당이라도 벌어야 먹고 살지 않겠니.

* 맨날 계획만 세우고 노력은 하지 않으니 그 일이 언제 이루어질지는 **백
　년하청(百年河淸)**이다.

* 무슨 일이든지 끝장을 볼 때까지 하지 않으면 모든 일은 **백년하청(百年河
　淸)**이 되고 만다.

* 무슨 일이든지 **백년하청(百年河淸)**이 되지 않으려면 초지일관(初志一貫)
　끝까지 밀고 나가지 않으면 안 된다.

5. '바를 정' 자를 표시하며 한자 열 번씩 소리 내어 읽으며 외우기

百	年	河	淸
일백 백	해 년	강 하	맑을 청
正正	正正	正正	正正

6. 한자 따라 쓰며 익히기

6획	부수 白	一 下 下 石 百 百		
百	百			
일백 백				
6획	부수 干	丿 一 一 一 一 年		
年	年			
해 년				
8획	부수 水, 氵	丶 丶 氵 氵 氵 河 河 河		
河	河			
강 하				
11획	부수 水, 氵	丶 丶 氵 氵 汁 沽 淸 淸 淸 淸 淸		
淸	淸			
맑을 청				

아홉째 마당 ④　　시종여일 始終如一

1. 한자 뿌리로 해석하기

始1	終2	如4	一3	처음(始)부터 끝(終)까지 하나(一) 같음(如)
비로소 시	마칠 종	같을 여	한 일	

'처음이나 끝이 한결같아서 변함이 없음'을 말한다.

2. 유래

　시종여일은 '처음부터 끝까지 변함없이 한결같다'라는 뜻이다. 이 말은 당나라 요사렴이 편찬한 『양서』「도흡전」에 처음으로 나온다.

　'높은 벼슬아치들의 유학은 옛것을 자세히 살피고, 순후하고 독실하고 성실하여, 몸을 세우고 도를 행함에 처음과 마침이 한결같다[始終如一].'고 하였습니다.

　여기에 시종여일이라는 말이 나온다. 즉 높은 벼슬아치 즉 훌륭한 유학자들은 먼저 옛것을 자세히 살핀다고 했다. '온고이지신'이라는 말이 생각난다. 옛것을 익히고 나서 새것을 안다는 말이다. 다음으로 순박하게 정성을 다하고, 진심이 깃들어 있고, 정성스러워서, 몸을 바르게 하고 도를 닦을 때 늘 처음부터 끝까지 한결같이 한다는 말이다.

　세상에 소위 일류라는 성공한 사람들을 보면 한 번에 무슨 일을 이룩한 사람들이 없다. 그들은 대개 한결같이 자기 일을 꾸준히 한 사람들이다. 그런데 대부분의 사람은 대박을 꿈꾸니 그게 문제다.

　자기 일에 시종여일(始終如一)한 사람이 돼야 한다.

3. 한자 뜯어보기

始 비로소 시

여자 여(女)와 기뻐할 태(台)가 합해서 형성된 글자이다. 아이를 가져 기뻐하는 어미의 모습에서, 인류의 시작은 여성으로부터 시작되었다고 말하기도 한다. 이에서 '비로소, 처음, 막' 등의 뜻이 나왔다.

※ 시작(始作) : 처음 시(始) 지을 작(作)으로, 처음으로 함.
　예 모든 일은 始作이 중요하다.

※ 시조(始祖) : 처음 시(始) 조상 조(祖)로, 한 겨레나 한 가문의 맨 처음이 되는 조상.
　예 단군왕검은 우리 민족의 始祖로 알려져 있다.

終 마칠 종

뜻을 나타내는 실 사(糸)와 소리를 나타내는 겨울 동(冬 동→종)이 합해서 형성된 글자이다. 실(糸)로 베를 짜는 겨울(冬)이 계절의 마지막임을 나타내었다. 여기서 '끝, 마침, 죽다' 등의 뜻이 나왔다.

※ 종료(終了) : 마칠 종(終) 미칠 료(了)로, 어떤 일이나 행위를 마치고 끝냄.
　예 내가 갔을 때는 벌써 그 사건이 終了되어 있었다.

※ 최종(最終) : 가장 최(最) 마칠 종(終)으로, 가장 마지막. 맨 끝.
　예 그는 最終的으로 그 회사에 입사했다.

如 같을 여

여자 여(女)와 입 구(口)가 합해진 글자이다. 고대 부권사회에서 여자(女)는 가장의 명령(口)을 따라야 한다는 데서, '따르다, 같다' 등의 뜻이 나왔다.

※ 여전(如前) : 같은 여(如) 앞 전(前)으로, 앞과 같음.
　예 그는 고등학교에 올라갔지만 如前히 지각 대장이다.

※ 여차(如此) : 같을 여(如) 이 차(此)로, 이와 같음.
　예 그는 如此하면 회사를 그만둘 예정이었다.

一 한 일

갑골문에서 가로획(一)을 하나 그어, '하나'의 개념을 나타낸다.

※ 일석이조(一石二鳥) : 한 일(一) 돌 석(石) 두 이(二) 새 조(鳥)로, 한 개의
  돌로 두 마리의 새를 잡음.

  예 껌을 씹으면 소화도 잘되고 이빨도 닦는 효과가 있으니, 그야말로 一
     石二鳥라 아니할 수 없다.

4. 쓰임

* 그는 **시종여일(始終如一)** 침착하고 담담하게 말했다.

* 그는 입사해서 퇴직할 때까지 **시종여일(始終如一)**하게 회사를 위해서 성
  실하게 일했다.

* 그는 듣는 사람들이 답답해할 만큼 자기주장을 **시종여일(始終如一)** 되풀
  이했다.

* 그의 말과 행동은 **시종여일(始終如一)**하다고 평가받는다.

* 성공한 사람들은 대개 자기가 하는 일을 **시종여일(始終如一)**하게 하는
  사람들이다. 모든 일은 천천히 이루어지는 법이다.

5. '바를 정' 자를 표시하며 한자 열 번씩 소리 내어 읽으며 외우기

始	終	如	一
비로소 시	마칠 종	같을 여	한 일
正正	正正	正正	正正

6. 한자 따라 쓰며 익히기

8획	부수 女	ㄥ 女 女 女 好 好 始 始		
始	始			
비로소 시				
11획	부수 糸	ㄥ ㄥ ㄠ 乡 乡 糸 約 紒 終 終 終		
終	終			
마칠 종				
6획	부수 女	ㄥ 女 女 如 如 如		
如	如			
같을 여				
1획	부수 一	一		
一	一			
한 일				

아홉째 마당 ⑤　용두사미 龍頭蛇尾

1. 한자 뿌리로 해석하기

龍¹	頭²	蛇³	尾⁴
용 용	머리 두	뱀 사	꼬리 미

용(龍) 머리(頭)에
뱀(蛇)의 꼬리(尾)

'머리는 용인데, 꼬리는 뱀'이라는 뜻으로, 시작은 잘하나 갈수록 나빠짐을 비유하는 말이다. 즉 처음 출발은 거창하고 야단스러우나, 끝장은 보잘것없이 흐지부지되고 마는 것을 말한다.

2. 유래

중국 송나라 시대에 진존자라는 괴짜 스님이 있었다. 그는 용흥사라는 절에 살고 있었는데, 가끔 절을 떠나 전국 각지를 돌아다니면서 나그네들을 위해 짚신 삼아서 길에 던져두었다고 한다.

불교에서 선문답이라는 것이 있다. 이는 참선하는 스님들이 서로 문답을 하면서 진리를 찾아가는 방법을 말한다. 진존자 스님도 나이가 많았을 때, 곧잘 상대방 스님을 상대로 불교의 깨달음에 대해 서로 문답을 하곤 했다. 그런데 어느 날 언제나처럼 앞에 앉은 스님에게 문답을 시작했더니, 갑자기 상대방이 큰소리를 치고 나왔다.

"거참, 한 번 꾸지람 당했는걸."

진존자가 무슨 말인지 몰라 투덜댔더니 또 똑같이 큰소리를 치고 나왔다. 호흡이 꽤 깊고 고른 것을 보니 상당한 수양을 쌓은 스님인 듯 싶었다. 그러나 자세히 살펴보니 어쩐지 수상쩍었다. '그거참, 이 중은 자신을 용과 같이 기품 있게 보이려고 하지만, 아무래도 진짜는 아닌 것 같다. 아마도 용두사미에 불과할 것이다.' 이렇게 그 중을 간파한 진존자가 상대에게 말했다.

"이봐요, 큰소리만 쳐대며 위세를 부리고는 있지만 정작 문답을 어떻게 마무리할 셈이요?"

진존자 스님의 물음에 상대 스님은 입을 다물어 버리고 결국 뱀 꼬리처럼 꼬리를 내리는 것이었다.

용두사미(龍頭蛇尾)은 이 고사에서 나왔다. 즉 처음 시작할 때는 용머리처럼 거창하나, 끝마무리가 뱀 꼬리처럼 흐지부지해진다는 말이다.

– 출처 『전등록』

3. 한자 뜯어보기

龍 용 룡

갑골문에서 '용'의 모양을 그린 것인데 뿔과 쩍 벌린 입과 곡선을 이룬 몸통이 특징적으로 그려졌다. 후대에 글자 모양이 변하여 현재처럼 되었다.

※ 잠룡(潛龍) : 잠길 잠(潛) 용 룡(龍)으로, 아직 하늘에 오르지 않고 물속에 잠겨 있는 용. 기회을 엿보고 있는 영웅을 비유하는 말.
  예 그는 여러모로 보아 큰 인물이 될 사람인데, 지금은 기회를 엿보고 있는 潛龍이라 할 만하다.
※ 등용문(登龍門) : 오를 등(登) 용 룡(龍) 문 문(門)으로, 용문에 오름. 어려운 관문을 통과하여 크게 출세함.
  예 중국 황하강 상류에 급류가 흐르는 용문을 거슬러 오르게 되면 용이 된다는 전설에서 登龍門이라는 말이 나왔다.

頭 머리 두

콩 두(豆)가 음을 나타내고 머리 혈(頁)이 뜻을 나타내는 것으로 형성된 문자이다. 콩처럼 둥근 '머리'를 말한다. '처음, 꼭대기'라는 뜻도 있다.

※ 두발(頭髮) : 머리 두(頭) 터럭 발(髮)로, 머리털.

　예 우리 학교는 頭髮 모양을 자유롭게 할 수 있다.

※ 몰두(沒頭) : 빠질 몰(沒) 머리 두(頭)로, 머릿속의 생각이 어떤 한 생각에 빠짐.

　예 그는 일단 공부를 시작하면 거기에 沒頭하는 경향이 있다.

蛇 뱀 사

뜻을 나타내는 벌레 충(虫)과 음을 나타내는 동시에 뜻을 나타내는 뱀 사(它)가 합해서 형성된 문자로, '긴 뱀'을 뜻한다.

※ 독사(毒蛇) : 독할 독(毒) 뱀 사(蛇)로, 독을 내뿜는 뱀.

　예 여름철 산에서는 毒蛇에게 물리지 않도록 조심해야 한다.

※ 장사진(長蛇陣) : 길 장(長) 뱀 사(蛇) 줄 진(陣)으로, 많은 사람이 긴 뱀처럼 줄지어 있는 모양.

　예 그 집 식당은 점심때만 되면 손님들이 長蛇陣을 치고 있다.

尾 꼬리 미

 엉덩이를 나타내는 주검 시(尸)자에 털 모(毛)자가 합해서 이루어진 글자이다. 엉덩이에 붙은 털로, '꼬리, 끝, 뒤쪽'을 나타낸다.

※ 미행(尾行) : 꼬리 미(尾) 갈 행(行)으로, 남의 뒤를 몰래 따라감.

　예 경찰은 범인을 尾行하여 범행의 단서를 잡는다.

※ 미생지신(尾生之信) : 꼬리 미(尾) 날 생(生) 어조사 지(之) 믿을 신(信)으로, 미생의 믿음. 미생처럼 우직하고 고지식하게 약속을 지킴.

　예 미생이란 사람이 어떤 여자와의 약속을 지키기 위해 다리 아래에서 기다리고 있다가 갑자기 소나기가 쏟아져도 고지식하게 그 자리를 끝까지 지키다가 결국 물에 떠내려갔다는 이야기에서 尾生之信이란 고사성어가 나왔다.

4. 쓰임

* 그는 처음에는 큰소리를 치다가 자기가 불리해지자 꼬리를 내렸으니, 이런 것을 두고 **용두사미(龍頭蛇尾)**라 할 것이다.

* 대개 사기꾼들이 **용두사미(龍頭蛇尾)**격인 경우가 많다.

* 무슨 일이든 시종일관(始終一貫)해야지 **용두사미(龍頭蛇尾)**가 되면 아무런 결과도 얻지 못한다.

* 나는 **용두사미(龍頭蛇尾)**로 일하는 사람을 믿지 않는다.

* 자기가 한 일 중에 **용두사미(龍頭蛇尾)**로 끝난 일을 하나씩 들어보시오.

5. 유의어

유두무미(有頭無尾초) : 머리는 있으나 꼬리가 없음.

6. '바를 정' 자를 표시하며 한자 열 번씩 소리 내어 읽으며 외우기

龍	頭	蛇	尾
용 롱	머리 두	뱀 사	꼬리 미
正正	正正	正正	正正

7. 한자 따라 쓰며 익히기

16획	부수 龍	` ㅗ ㅛ ㄊ 产 产 育 育 育 育 育 龍 龍 龍 龍
龍 龍		
용 롱		
16획	부수 頁	ˉ ˉ ㅋ ㅋ ㅋ 互 亘 亘 亘 頭 頭 頭 頭 頭 頭 頭
頭 頭		
머리 두		
11획	부수 虫	` ㅁ ㅁ 中 虫 虫 虫 虻 蛇 蛇 蛇
蛇 蛇		
뱀 사		
7획	부수 尸	ㄱ ㄱ ㅋ 尸 尸 戸 戸 尾
尾 尾		
꼬리 미		

열째 마당

세상이 어지러우면!

유언비어

곡학아세

지록위마

혹세무민

조삼모사

세상은 끊임없이 돌고 돈다. 그래서 세상이 평화스럽고 조용할 때도 있지만, 또 어떤 때는 싸우고 어지러울 때도 있다. 한번 조용하면 한번 어지러워진다. 이것이 세상의 이치이다. 세상이 시끄럽고 어지러울 때는 진실보다 거짓이 더 많이 돌아다닌다. 거짓이 진실을 이기는 때이기 때문이다.

뜬소문이란 말이 있다. 아무런 근거도 없이 떠도는 말이다. 이는 어떤 집단이 자기들의 이익을 위하여 다른 사람들을 속이기 위한 것이 대부분이다. 정당하게 일하지 않고 부당하게 이익을 취하기 위해서는 남을 속일 수밖에 없기 때문이다.

- 유언비어(流言蜚語)

세상이 어지러우면 소위 지식인이라는 집단이 이의 원인을 정확히 판단해주고 해결책을 마련해 주어야 한다. 그래야 대중들이 거짓 유언비어에 속지 않고 바른길을 갈 수 있기 때문이다.

그러나 세상이 어지러워지면 거기에 편승해서 자기의 지식을 팔아먹는 지식인들도 있게 마련이다. 지식인들도 크게 보면 인간의 한 집단에 불과하다. 이들 중에도 역시 좋은 사람과 나쁜 사람들이 있기 마련이다. 이들도 사람이기 때문이다. 그래서 지식을 팔아먹는 지식인도 있기 마련이다.

- 곡학아세(曲學阿世)

세상의 모든 사물은 양면성을 갖고 있다. 칼도 잘 쓰면 요리도 하고 목재도 다듬을 수 있지만, 이를 잘못 쓰면 사람을 해치기도 한다. 그래서 지식인의 지식도 올바르게 쓰이지 못하면 이는 도리어 세상을 더욱 어지럽게 하고 해칠 뿐이다.

세상이 어지러워지면 별 희한한 일들이 많이 벌어진다. 가짜 지식인들이 진짜 지식인들을 몰아내고 가짜가 진짜를 대신하게 된다. 소위 짝퉁이 진품 노릇을 하는 것이다. 그리고 위아래 구분이 없어져 아래 사람이 위 사람을 농락하며 세상이 무질서에 빠져 버리는 것이다.　　　　　- 지록위마(指鹿爲馬)

또 세상이 어지러우면 세상 사람들을 속이기 위해 정신을 어지럽힌다. 속이려면 상대의 머리를 어지럽게 해야 하기 때문이다. 그래서 없는 사실로 상대의 정신을 바로 차릴 수 없게 만드는 것이다. 그리고는 자신들의 잇속을 챙기는 것이다.　　　　　- 혹세무민(惑世誣民)

자기의 이익을 위해서 교활한 꾀를 써서 남을 속이고 놀리는 지경까지 이른다. 속된 말로 갖고 노는 것이다. 그러나 대중들은 어리석기 때문에 이것을 알아차리지 못한다. 그러므로 예수가 말했듯이 늘 깨어 있어야 한다.　　　　　- 조삼모사(朝三暮四)

늘 깨어 있어라!

열째 마당 ① 유언비어 流言蜚語

1. 한자 뿌리로 해석하기

流¹	言²	蜚³	語⁴	흘러다니는(流) 말(言)과
흐를 유	말씀 언	날 비	말씀 어	날아다니는(蜚) 말(語).

'아무런 근거도 없이 널리 퍼진 소문'으로, 터무니없이 떠도는 말을 말한다. 뜬소문이라고도 한다.

2. 도움말

유언비어(流言蜚語)는 그 전달경로가 일정하지 않고, 또한 일반적으로 확실한 근거가 없는 경우가 많다.

유언비어가 생기기 위해서는 먼저, 그 내용이 여러 사람에게 어느 정도 재미와 관심을 가져다줄 수 있어야 한다. 다음으로, 어떤 사실에 대해 확실한 정보를 얻을 수 없어 사람들이 다소 불안한 심리상태에 있을 때이다. 이런 점을 이용해서 유언비어를 날조하여 퍼뜨리는 것이다.

이처럼 유언비어란 '터무니없는 헛소문'으로, 때에 따라서 자기들의 이익을 위하여 거짓으로 조작하여 퍼뜨리기도 한다. 요즈음도 선거철이 되면 상대 후보를 곤란하게 만들기 위하여 근거도 없는 거짓 유언비어들을 퍼뜨려 상대 후보자들을 괴롭히곤 한다. 또한 자기 마음에 들지 않는 친구를 따돌리거나 골탕 먹이려고 없는 말을 지어내는 것도 유언비어라고 할 수 있다. 그러나 유언비어는 그 사회나 조직을 어지럽히므로, 일부러 만들어 퍼뜨려서는 안 될 것이다.

3. 한자 뜯어보기

流 흐를 유

물 수(水, 氵)와 깃발 류(㐬)가 합해진 글자이다. 깃발이 날리듯이 물이 '흐르다'는 뜻이다.

※ 유동(流動) : 흐를 류(流) 움직일 동(動)으로, 물처럼 이리저리 흘러 다님.
  예 도시에는 流動 인구가 많다.
※ 격류(激流) : 거셀 격(激) 흐를 류(流)로, 빠르고 거세게 흐르는 물.
  예 계곡에 흐르는 激流를 조심해라. 보기보다 거세단다.

言 말씀 언

 본래 입에 피리 같은 악기를 물고 소리를 내는 모양을 그린 문자이다. 소리가 '말하다'라는 뜻으로 바뀌고, 글자 모양도 지금처럼 되었다.

※ 언행(言行) : 말씀 언(言) 행할 행(行)으로, 말과 행동.
  예 사람은 言行이 일치해야 한다.
※ 조언(助言) : 도울 조(助) 말씀 언(言)으로, 말로 도와 줌.
  예 그는 무슨 일을 시작할 때, 항상 그 방면 전문가의 助言을 들어 보고 결정을 한다.

蜚 날 비

아닐 비(非)에서 소리를 취하고 벌레 충(虫)에서 뜻을 취하여 형성된 글자로, 본래 '바퀴벌레'를 뜻한다. 여기서 뒤에 '날다'라는 뜻도 나왔다.

※ 비렴(蜚廉) : 바퀴 비(蜚) 청렴할 렴(廉)으로, 바퀴벌레의 한자어.
  예 집 안이 지저분하면 바퀴벌레인 蜚廉들이 돌아다닌다. 그래서 특히 부엌이나 화장실 같은 곳을 깨끗이 해야 한다.

語 말씀 어

　말씀 언(言)과 나 오(吾)가 합해진 글자이다. 나(吾)의 의견을 말하다(言)는 뜻이다. 이로부터 '말, 언어, 문자' 등의 뜻이 나왔다.

※ 어학(語學) : 말씀 어(語) 배울 학(學)으로, 언어를 연구하는 학문.
　예 나는 語學 공부가 항상 즐겁다.
※ 어폐(語弊) : 말씀 어(語) 나쁠 폐(弊)로, 적절하지 아니한 말의 잘못.
　예 그의 말에는 語弊가 있다.

4. 쓰임

* 사회가 어지러우면 **유언비어(流言蜚語)**들이 난무한다.

* 선거철이 되면 다른 후보를 비방하는 **유언비어(流言蜚語)**가 떠돌아 후보들이 골머리를 앓고 있다.

* 요즈음 시국이 어지러우니 심상치 않은 **유언비어(流言蜚語)**들이 떠돌고 있다.

* 헛소문이라던 **유언비어(流言蜚語)**가 한참 뒤에 사실로 판명되었다. 그러나 유언비어와 사실이 헷갈리는 게 사실이다.

* 자네가 최근에 들었던 **유언비어(流言蜚語)**에는 어떤 것이 있었나? 한 가지만 이야기해 보게.

5. 유의어

가담항설(街談巷說) : 길거리나 세상에 떠도는 뜬소문.

부언낭설(浮言浪說) : 터무니없이 떠도는 말.

6. '바를 정' 자를 표시하며 한자 열 번씩 소리 내어 읽으며 외우기

流	言	蜚	語
흐를 유	말씀 언	날 비	말씀 어
正正	正正	正正	正正

7. 한자 따라 쓰며 익히기

10획	부수 氵, 水	丶 丶 氵 氵 浐 沪 浐 浐 济 流		
流 流				
흐를 유				
7획	부수 言	丶 亠 亠 言 言 言 言		
言 言				
말씀 언				
14획	부수 虫	丿 丿 非 非 非 非 非 非 非 非 蜚 蜚 蜚 蜚		
蜚 蜚				
날 비				
14획	부수 言	丶 亠 亠 亖 言 言 言 訂 語 語 語 語 語		
語 語				
말씀 어				

1. 한자 뿌리로 해석하기

曲 ₂	學 ₁	阿 ₄	世 ₃	배운 것(學)을 굽혀서(曲)
굽을 곡	배울 학	아첨할 아	세상 세	세상(世)에 아첨함(阿).

'자기가 배운 학문을 굽혀서 세상에 아첨한다'는 뜻으로, 바른길에서 벗어난 거짓 학문으로 세상 사람들에게 아첨함을 이르는 말이다.

2. 유래

원고생은 문제, 경제, 무제의 3대의 황제를 섬긴 유학자였다.

당시는 유학이 번성하였으나, 노자나 장자를 공부하는 이들은 오히려 유학자들을 경멸하고 비판하는 시대였다. 그러나 경제는 유학이 세상을 구할 수 있는 학문이라 생각해서 당시 『시경』에 정통한 유학자 원고생을 등용하여 삼공과 함께 요직에 속하는 태부에 앉혔다. 그는 황제의 기대에 어긋나지 않게 나라를 부강하게 하는 데 크게 기여하였다. 더구나 그는 성품이 강직하여 평소 어떤 사람도 두려워하지 않고 직언으로 간하는 인물이었다.

경제를 뒤를 이은 무제는 유교를 국교로 삼을 만큼 유학에 푹 빠져 있었다. 무제 역시 훌륭한 유학자인 원고생에게 출사하라는 소명을 내렸다. 그러나 원고생은 이미 경제 말년에 늙은 나이를 이유로 벼슬을 그만두고 은둔하고 있을 때였다. 그러나 무제의 소명에 감격하여 노구를 이끌고 출사하였다. 이때 그와 함께 부름을 받은 이가 젊은 학사 공손홍이었다.

공손홍은 원고생을 시골 늙은이로 보고 깔보고 무시하였다. 그러나 원고생은 황제의 어전이었으나 불쾌해하지 않고 공손홍에게 질타하듯 말했다.

"지금 학문이 문란해지고 속설이 난무하여 정통 학문이 무너지고 있소. 그래서 자네같이 젊고 현명한 선비들이 태도를 분명하게 해야 하오. 부디 바른 학문에 힘써서 이를 세상에 널리 알리는 데 힘 써주길 바라오. 결코 자신의 학설을 굽혀 세상에 아부하려고 해서는 안 될 것이오.[無曲學以阿世]"

이 말을 들은 공손홍은 자신의 무례함을 부끄러워하며 용서를 구하고, 이후 그의 제자가 되어 학문에 힘썼다고 한다.

이후 곡학아세(曲學阿世)란 말은 자기가 배운 신념과 가치관을 바꾸면서까지 세상과 타협하고 권력에 굴복하는 태도를 지적하는 말로 어용학자들의 그릇된 처세를 비꼬는 말로 쓰이기도 한다. ―『사기(史記)』,「유림열전」

3. 한자 뜯어보기

曲 굽을 곡

본래 누에를 올리는 잠박의 모양을 그린 것인데, 잠박이 굴곡이 졌기 때문에 '굽다'라는 뜻이 나왔다. 또한 음정이 높고 낮게 굴곡지기에 '곡조'라는 뜻으로도 쓰인다.

※ 곡절(曲折) : 굽을 곡(曲) 꺾을 절(折)로, 복잡하게 뒤엉킨 사정.
　　예 거기에는 우리가 모르는 曲折이 숨어 있을 것이다.
※ 작곡(作曲) : 지을 작(作) 노래 곡(曲)으로, 노래를 지음.
　　예 그가 作曲한 대중가요가 많다.

學 배울 학

여기에는 여러 가지 설이 있으나, 책상 궤(几)와 산가지 효(爻)와 두 손 구(臼)와 아들 자(子)가 합해진 글자이다. 아이(子)가 책상(几) 위에서 두 손(臼)으로 산가지(爻)를 들고 셈을 배우는 모습이다. 이로부터 '배우다, 본받다, 모방하다' 등의 뜻이 나왔다.

※ 학교(學校) : 배울 학(學) 학교 교(校)로, 배우는 학교.
예 그는 學校에서 많은 것을 배웠다.
※ 철학(哲學) : 밝을 철(哲) 배울 학(學)으로, 인간과 삶의 원리나 본질 같은 것을 밝히는 학문.
예 나는 나 나름의 哲學이 있다.

阿 언덕 아

뜻을 나타내는 언덕 부(阝)와 소리를 나타내는 옳을 가(可 가 → 아)가 합해서 형성된 글자이다. 가(可)자에는 휘어서 구부러진다는 뜻도 갖고 있다. 따라서 '언덕의 굽은 곳, 언덕'을 가리킨다. 또한 '아부하다, 아첨하다'는 뜻으로도 쓰인다.

※ 아첨(阿諂) : 언덕 아(阿) 알랑거릴 첨(諂)으로, 언덕에 기대듯 남에게 기대어 알랑거림.
예 나는 阿諂하는 사람을 좋아하지 않는다.
※ 아부(阿附) : 언덕 아(阿) 붙을 부(附)로, 언덕에 달라붙듯 남에게 아첨함.
예 그는 阿附 근성이 있다.

世 세상 세

갑골문에 세 가닥의 새끼 매듭을 이어 놓은 모양이다. 여기서 한 매듭은 10년을 상징하며, 매듭이 셋 모인 세(世)는 '30년'을 뜻한다. 이는 부모에서 자식까지 이어지는 한 세대의 상징이었다. 이후 세(世)는 '세대'라는 뜻에서부터 '일생, 세상' 같은 뜻을 의미하게 되었다.

※ 세대(世代) : 세상 세(世) 시대 대(代)로, 같은 시대를 살아가는 비슷한 연배.
예 젊은 世代와 늙은 世代는 서로 소통이 잘되도록 노력해야 한다.
※ 별세(別世) : 나눌 별(別) 세상 세(世)로, 세상과 이별함. 죽음의 높힘 말.
예 할아버지는 작년에 別世하셨다.

4. 쓰임

* 학문을 하여 세상을 바로잡기는커녕 도리어 **곡학아세(曲學阿世)**하여 자신의 영달이나 꿈꾸는 무리가 판을 치는 세상이다.

* 세상이 어지러우면 **곡학아세(曲學阿世)**하는 가짜 학자들이 나와서 진짜인 양 설친다.

* 그는 형편에 따라 **곡학아세(曲學阿世)**하는 사람이라, 저는 그런 사람과는 상종하고 싶지 않습니다.

* 그는 **곡학아세(曲學阿世)**하는 무리와 달리 세상을 초월하여 자신의 학문에 정진하는 진짜 학자라 할 것이다.

* 학자 중에 공부보다는 자신의 정치적 야망을 채우려고 **곡학아세(曲學阿世)**하는 무리가 적지 않다.

5. '바를 정' 자를 표시하며 한자 열 번씩 소리 내어 읽으며 외우기

曲	學	阿	世
굽을 곡	배울 학	언덕 아	세상 세
正正	正正	正正	正正

6. 한자 따라 쓰며 익히기

6획	부수 日	ㅣ ㄇ ㅔ ㅐ 曲 曲		
曲 曲				
굽을 곡				
16획	부수 子	(필순) 學 學 學		
學 學				
배울 학				
8획	부수 阜	(필순) 阿 阿		
阿 阿				
언덕 아				
5획	부수 一	(필순) 世		
世 世				
세상 세				

1. 한자 뿌리로 해석하기

指₂	鹿₁	爲₄	馬₃	사슴(鹿)을 가리켜(指)
가리킬 지	사슴 록	할 위	말 마	말(馬)이라고 함(爲)

'사슴을 가리켜 말이라고 한다'라는 뜻으로, 사실이 아닌 것을 사실로 만들어 강압적으로 인정하게 함, 또는 자신의 권력을 앞세워 위압적으로 얼버무리는 일을 말한다.

2. 유래

중국의 첫째 황제인 진시황이 죽자 환관인 조고는 진시황의 유서를 변조하여 황태자인 부소를 자살하게 하고, 어린 호해 왕자를 2대 황제로 세웠다. 현명한 부소보다 어리석은 호해가 다루기 쉬웠기 때문이다. 호해는 황제가 되자, 천하의 모든 쾌락을 마음껏 즐기며 살겠다고 말했을 정도로 놀기 좋아하고 거기다 어리석기까지 했다고 한다. 이후 조고는 자기의 경쟁자였던 승상 이사에게 모반죄를 뒤집어 씌워 죽이고 자기 스스로 승상이 되어 조정의 모든 실권을 장악하였다.

어느 날, 조고는 중신들 가운데 자기를 반대하는 사람을 가려내기 위하여 연극을 꾸몄다. 그는 황제에게 사슴을 바치면서 이렇게 말했다.

"폐하, 좋은 말을 바치오니 거두어 주시옵소서."

호해 황제는 웃음을 터트리며 말했다.

"승상은 농담도 잘하시오. 아니, 사슴을 가지고 말이라고 하다니……. 어떻소? 그대들 눈에도 이것이 말로 보이오?"

말을 마치고 호해 황제는 웃으며 좌우의 신하들을 둘러보았다. 그러자 잠자코 있는 신하보다 '그렇다'고 긍정하는 신하들이 많았다. 그러나 '아니다'고 부정하는 신하도 있었다. 조고는 아니라고 부정하는 사람을 기억해 두었다가 나중에 없는 죄를 씌워 모두 죽여 버렸다. 그 후 궁중에는 조고의 말에 반대하는 사람이 하나도 없었다고 한다.

뒤에 조고는 호해를 죽이고 다시 부소의 아들 자영을 3대 황제로 세웠으나, 오히려 그에게 주살 당하고 말았다. 세상을 영원히 속일 수는 없는 법이다. 속일 수 있다고 생각하는 사람이 바보이다.

이에서 보듯, 지록위마(指鹿爲馬)는 본래 아랫사람이 윗사람을 농락하고 권세를 제 마음대로 부리는 것을 비유하는 말이다. 이후 사실이 아닌 것을 사실로 만들어 강압적으로 인정하게 한다는 뜻으로 쓰인다.

- 『사기』 「진시황본기」

3. 한자 뜯어보기

指 가리킬 지

뜻을 나타내는 손 수(手, 扌)와 음을 나타내는 맛있을 지(旨)가 합하여 형성된 글자이다. 원래 손가락을 나타내는 글자였으나, 뒤에 손가락으로 방향을 가리키고 지시를 내린다는 뜻이 확대되어 '가리키다, 지시하다'라는 뜻을 갖게 되었다.

※ 지명(指名) : 가리킬 지(指) 이름 명(名)으로, 어떤 사람의 이름을 가리킴.
   예 그는 선생님으로부터 반장으로 指名 받았다.

※ 지시(指示) : 가리킬 지(指) 보일 시(示)로, 가리켜 보임. 또는 일러서 시킴.
   예 군대에서는 상관이 指示하는 대로 복종해야 한다.

鹿 사슴 록

뿔이 긴 수사슴의 모양을 그려 '사슴'을 나타낸다. 사슴은 장수를 상징하는 10 장생 중의 하나이다. 용의 뿔도 사슴의 뿔로 표현하고 있을 만큼 사슴은 신비로운 짐승으로 인식되어 있다. 그래서 사슴 록(鹿)자가 다른 글자와 결합할 때는 대부분이 상서롭거나 길하다는 뜻을 전달하게 된다. 예를 들면 기린(麒麟)이 그러하다.

※ 녹각(鹿角) : 사슴 록(鹿) 뿔 각(角)으로, 사슴의 뿔.

　예 녹용 대신 鹿角을 보약으로 달여 먹는 사람들도 있다.

※ 녹용(鹿茸) : 사슴 록(鹿) 무성할 용(茸)으로, 사슴의 새로 돋은 연한 뿔.

　예 우리나라에서는 예로부터 鹿茸을 귀한 약재로 취급하였다.

爲 할 위

본래 손톱 조(爪)와 코끼리 상(象)이 합해서 형성된 글자이다. 손(爪)으로 코끼리(象)를 끌고 일을 하는 모습에서 '하다'라는 뜻이 나왔다. 글자 모양이 바뀌어 지금처럼 되었다.

※ 인위(人爲) : 사람 인(人) 할 위(爲)로, 사람의 힘으로 함.

　예 여기는 人爲的(적)으로 만들어진 공원이다.

※ 위인(爲人) : 할 위(爲) 사람 인(人)으로, 사람의 됨됨이.

　예 그 爲人은 우리 회사에서 쓰기에는 부족함이 많은 것 같다.

馬 말 마

갑골문에서는 말의 긴 머리와 갈기와 발과 꼬리를 모두 사실적으로 그려 '말'을 나타낸 그림문자이다.

※ 마차(馬車) : 말 마(馬) 수레 차(車)로, 말이 끄는 수레.

　예 옛날에는 많았는데, 요즈음은 길거리에서 馬車를 구경하기가 힘들다.

※ 경마(競馬) : 겨룰 경(競) 말 마(馬)로, 말을 타고 달리는 경기.

　예 그는 쉬는 날이면 빠짐없이 競馬場으로 간다.

4. 쓰임

* 짝퉁 제품을 진품이라고 속여 파는 행위는 바로 **지록위마(指鹿爲馬)**의 대표적인 행태라 할 수 있겠다.

* 사기꾼들은 대개 **지록위마(指鹿爲馬)**하는 수법으로 상대를 속이려 한다.

* 요즘 각종의 과대광고는 일종의 **지록위마(指鹿爲馬)** 행위라 할 수 있을 것이다.

* **지록위마(指鹿爲馬)**에 속지 않으려면 적은 돈으로 큰돈을 벌려는 헛된 욕심을 버려야 할 것이다.

* 우리 사회의 통계 숫자나 여론조사 결과가 **지록위마(指鹿爲馬)**가 되지 않으려면 어떻게 해야 할까?

5. 유의어

이록위마(以鹿爲馬) : 사슴을 가지고 말이라고 한다는 뜻이다.

6. '바를 정' 자를 표시하며 한자 열 번씩 소리 내어 읽으며 외우기

指	鹿	爲	馬
가리킬 지	사슴 록	할 위	말 마
正正	正正	正正	正正

7. 한자 따라 쓰며 익히기

9획	부수 手, 扌	一 十 扌 扩 护 指 指 指				
指 指						
가리킬 지						
11획	부수 鹿	丶 一 广 户 户 庐 庐 鹿 鹿 鹿				
鹿 鹿						
사슴 록						
12획	부수 瓜	丶 丶 广 产 户 爲 爲 爲 爲 爲				
爲 爲						
할 위						
10획	부수 馬	丨 厂 斤 斤 馬 馬 馬 馬 馬				
馬 馬						
말 마						

열째 마당 ④ 혹세무민 惑世誣民

1. 한자 뿌리로 해석하기

惑 ₂	世 ₁	誣 ₄	民 ₃	세상(世)을
미혹할 혹	세상 세	속일 무	백성 민	어지럽히고(惑) 백성(民)을 속임(誣).

'세상을 어지럽히고 백성을 속이는 것'을 말한다.

2. 유래

혹세무민(惑世誣民)은 명나라 환관이었던 유약우의 『작중지』에 나오는 말이다. 거기에 이런 말이 쓰여 있다.

'불교의 가르침을 혹세무민하는 것으로 여겨 가장 먼저 마땅히 배척해야 한다.'

여기서 보면 불교를 혹세무민하는 종교로 본 것이다. 명나라는 유교 문화를 다시 회복시키는 시대였으므로, 불교를 나쁘게 보았다.

혹세(惑世)는 정신을 어지럽게 해서 세상을 혼란스럽게 한다는 뜻이고, 무민(誣民)은 없는 사실을 일부러 꾸며 백성을 속인다는 뜻이다. 따라서 이 표현은 그릇된 말이나 일을 꾸며서 세상과 사람들을 속이고, 그것을 이용해 자신들의 이익을 추구하는 행위를 가리킨다. 그릇된 주장을 내세우는 학자나 정치가, 또는 사이비 종교 교주 등이 모두 이런 일을 하는 자들이라 할 수 있다.

특히 세상 사람들을 속여 미혹하게 만들고 세상을 어지럽게 하는 것은 사이비 종교에서 많이 나타나는 경우가 많다. 본래 종교란 진리의 뿌리에 근원을 두어야 하지만, 사이비 교주들은 진리의 본체는 외면한 채 극히 지엽적인 부분만을 강조함으로써 세상을 혼란하게 만들고 사람들을 잘못된 길로 인도하기도 한다. 이런 속임수를 수단으로 하여 돈이나 권력을 쟁취한다. 이런 종교가 바로 사이비 종교이고, 혹세무민의 종교이다.

3. 한자 뜯어보기

惑 미혹할 혹

혹시 혹(或)과 마음 심(心)이 합해진 글자이다. 혹시(或)라도 미련을 가지거나 미혹되는 마음(心)을 말하며, 이로부터 '미혹하다, 어지럽다' 등의 뜻이 나왔다.

※ 유혹(誘惑) : 꾈 유(誘) 미혹할 혹(惑)으로, 꾀어서 정신을 흐리게 함.
　예 그는 마침내 그녀의 誘惑에 빠졌다.
※ 불혹(不惑) : 아닐 불(不) 미혹할 혹(惑)으로, 무엇에 마음이 홀리지 않음. 나이 40을 이르기도 함.
　예 그는 어느새 不惑의 나이가 되었다.

世 세상 세

갑골문에 세 가닥의 새끼 매듭을 이어 놓은 모양이다. 여기서 한 매듭은 10년을 상징하며, 매듭이 셋 모인 세(世)는 '30년'을 뜻한다. 이는 부모에서 자식까지 이어지는 한 세대의 상징이었다. 이후 세(世)는 '세대'라는 뜻에서부터 '일생, 세상'라는 뜻이 나오게 되었다.

※ 세인(世人) : 세상 세(世) 사람 인(人)으로, 세상 사람.
　예 연예인들은 항상 世人들의 관심을 끌려고 한다. 스트레스가 많겠다.
※ 격세지감(隔世之感) : 사이 뜰 격(隔) 세대 세(世) 어조사 지(之) 느낄 감(感)으로, 오래 되어 다른 세상으로 넘어온 느낌.
　예 요즘은 세상이 너무 빨리 변하여 늙은이들이 젊은이들을 보면 隔世之感을 느낀다고 한다.

誣 속일 무

뜻을 나타내는 말씀 언(言)과 소리를 나타내는 무당 무(巫)자가 합하여 형성된 글자이다. 무당(巫)의 말(言)이므로 '속이다, 꾸미다, 더럽히다' 등의 뜻이다. 무당을 나쁘게 보았기에 이런 뜻이 나왔을 것이다.

※ 무고(誣告) : 꾸밀 무(誣) 알릴 고(告)로, 없는 사실을 꾸며서 고소나 고발함.
　예 그 사람은 공연히 남을 誣告하다가 무고죄로 구속되었다.

民 백성 민

 여러 가지 설이 있으나, 포로나 노예들이 반항하지 못하도록 송곳으로 한쪽 눈을 예리한 침으로 찌르는 모양에서 '노예'라는 뜻이 나오고, 이로부터 후대에 '신하, 백성, 민중'의 뜻이 나왔다고 본다.

※ 민주(民主) : 백성 민(民) 주인 주(主)로, 국민이 나라의 주인임.
　예 우리나라는 자유民主주의 국가이다.

※ 서민(庶民) : 여러 서(庶) 백성 민(民)으로, 여러 일반 국민.
　예 우리는 모든 庶民이 잘 살기를 바란다.

4. 쓰임

* 그는 결국 **혹세무민(惑世誣民)**하는 이단의 목사라는 것이 밝혀져 교단에서 퇴출당했다.

* 조선말 정부는 동학을 **혹세무민(惑世誣民)**하는 이단의 종교로 몰아 탄압하였다.

* 우리 사회에는 항상 종교를 앞세우고 **혹세무민(惑世誣民)**하는 무리가 끊이지 않고 이어진다.

* 우리의 무속을 무조건 **혹세무민(惑世誣民)**하는 종교로 매도한다면 우리 고유의 전통문화의 한 축이 무너질 것이다. 그러나 따지고 보면 고대의 무당들은 오늘날의 제사장과 같은 역할을 했다는 걸 알아야 한다.

* 사회가 어지러우면 **혹세무민(惑世誣民)**하는 무리가 생기게 마련이다. 따라서 지도자는 항상 정직하게 사회의 질서를 바로잡아야 한다.

5. '바를 정' 자를 표시하며 한자 열 번씩 소리 내어 읽으며 외우기

惑	世	誣	民
미혹할 혹	세상 세	속일 무	백성 민
正正	正正	正正	正正

6. 한자 따라 쓰며 익히기

12획	부수 心	一 ｢ ｢ ｢ 亘 或 或 或 或 惑 惑 惑	
惑	惑		
미혹할 혹			
5획	부수 一	一 十 卅 卅 世	
世	世		
세상 세			
14획	부수 言	﹂ ﹁ ﹁ 亖 言 言 言 訂 訂 訂 誣 誣 誣	
誣	誣		
속일 무			
5획	부수 氏	﹁ ﹁ 尸 尸 民	
民	民		
백성 민			

1. 한자 뿌리로 해석하기

朝¹	三²	暮³	四⁴	아침(朝)에 세 개(三)
아침 조	석 삼	저물 모	넉 사	저녁(暮)에 네 개(四)

　'아침에 세 개, 저녁에 네 개'라는 뜻으로, 당장 눈앞에 나타나는 이익만을 알고 그 결과가 같음을 모르는 어리석음을 비유하는 말이다. 간사한 꾀로 남을 속이는 것을 이르는 말이기도 하다.

2. 유래

　송나라에 저공(狙公)이라는 사람이 있었는데, 그는 원숭이를 좋아했다. 그래서 원숭이를 여러 마리 길렀다. 저공은 원숭이들의 마음을 알 수 있었으며, 원숭이들 역시 저공의 마음을 알 수 있었다. 저공은 집안 식구들이 먹을 것을 줄여 가면서까지 원숭이들의 먹이만은 챙겨 주었다. 그러나 얼마 뒤에 먹이가 부족해져 그 먹이를 줄이려고 했다. 그러나 그는 원숭이들이 자기 말을 잘 듣지 않을 것을 우려하여 먼저 속임수를 써서 말했다.

　"너희에게 도토리를 주되 아침에 세 개를 주고 저녁에 네 개를 주겠다. 좋으냐?"

　원숭이들이 모두 일어나서 화를 냈다. 저공은 조금 있다가 말을 바꾸었다. "너희에게 도토리를 주되 아침에 네 개를 주고 저녁에 세 개를 주겠다. 좋으냐?"

　여러 원숭이가 다 엎드려 절하고 기뻐하였다.

　이에서 보면 원숭이들이 당장 아침에 더 많이 먹는 것만 생각하고 저녁에 더 적게 먹는 것은 생각하지 않는 것을 알 수 있다. 생각이 짧은 것이다. 대부분의 사람도 이와 크게 다르지 않을 것이다.

- 『열자(列子)』「황제편(黃帝篇)」

3. 한자 뜯어보기

朝 아침 조

 풀 초(艹)자와 해 일(日)자, 달 월(月)자가 결합한 글자이다. 수풀(艹) 사이로 떠오르는 해(日)와 아직 지지 않는 달(月)이 함께 그려져 있었다. 해가 떴는데도 달이 지지 않았다는 것은 '이른 아침'이라는 뜻이다.

※ 조회(朝會) : 아침 조(調) 모일 회(會)로, 아침에 모두 모이는 일.
　예 우리 학교는 매일 아침에 선생님들이 朝會를 하신다.
※ 조선(朝鮮) : 아침 조(朝) 고울 선(鮮)으로, 상고시대 우리나라의 국명. 이후 조선이란 나라가 많이 생겨 그와 구분하고자 고조선이라 함.
　예 단군왕검이 古(고)朝鮮을 건국하였다.

三 석 삼

二 세 개의 가로획(三)으로 숫자 3을 나타낸다. 3은 동양에서 '천지인'을 상징하는 좋은 숫자로 생각한다.
　※ 장삼이사(張三李四) : 성씨 장(張) 석 삼(三) 성씨 리(李) 녁 사(四)로, 장 씨의 셋째 아들과 이 씨의 넷째 아들. 평범한 보통 사람들.
　예 갑남을녀나 張三李四나 모두 평범한 보통 사람들을 일컫는 말이다.

暮 저물 모

 풀 초(艹)와 없을 막(莫)과 해 일(日)이 합해진 글자이다. 풀 숲(艹)에 해(日)가 잠겨 없어진(莫) 모습을 그려, '저물다, 늦다, 밤'이라는 뜻을 나타냈다.

※ 모춘(暮春) : 저물 모(暮) 봄 춘(春)으로, 늦은 봄으로 보통 음력 3월을 말함.
　　예 우리는 늦은 봄을 暮春 또는 만춘(晚春)이라고 한다.
※ 세모(歲暮) : 해 세(歲) 저물 모(暮)로, 한 해가 저물 때.
　　예 항상 歲暮에는 모두 바쁘다.

四 녁 사

갑골문에서는 네 개의 가로획으로 숫자 '넷'을 나타냈는데, 뒤에 나라 국(口) 안에 여덟 팔(八)자를 넣어 지금처럼 쓰이고 있다. 팔(八)자가 좌우로 나눈다는 뜻이 있으므로, 땅을 사방으로 나눈다는 뜻을 담았다.

※ 사고무친(四顧無親) : 넉 사(四) 돌아볼 고(顧) 없을 무(無) 친할 친(親)으로, 사방을 둘러보아도 친척이 없음.
　　예 그 아이는 四顧無親이라 보육원에 갈 수밖에 없었다.

4. 쓰임

* **조삼모사(朝三暮四)**는 인간의 어리석음을 이용하는 술법이다. 특히 눈앞의 이익에 집착하는 인간의 약점을 이용하는 것이다.

* 국내에서 판매되는 거의 모든 핸드폰 제품들이 이런 **조삼모사(朝三暮四)**식의 판매술을 이용하고 있다는데, 사실인지는 모르겠다.

* **조삼모사(朝三暮四)**는 어떻게 보면 결과는 서로 같다. 그러면 이를 사기라고 할 수 있을까?

* 회사 측에서는 임금인상의 근본적인 대책을 제시하기보다는 **조삼모사(朝三暮四)**식으로 사원들을 속이려고 하고 있다.

* 아파트를 분양할 때 **조삼모사(朝三暮四)**식의 분양조건이 많아서 분양받을 때는 먼저 꼼꼼히 따져 봐야 한다.

5. '바를 정' 자를 표시하며 한자 열 번씩 소리 내어 읽으며 외우기

朝	三	暮	四
아침 조	석 삼	저물 모	넉 사
正正	正正	正正	正正

6. 한자 따라 쓰며 익히기

12획	부수 月	一 十 十 市 市 直 直 車 朝 朝 朝 朝		
朝	朝			
아침 조				
3획	부수 一	一 二 三		
三	三			
석 삼				
15획	부수 日	ヽ 十 十 艹 芐 荶 苩 苩 莒 茣 茣 菜 幕 暮 暮		
暮	暮			
저물 모				
5획	부수 口	丨 冂 冂 四 四		
四	四			
넉 사				

열한째 마당

우리가 꿈꾸는 세상!

우리가 사는 세상은 과거 현재 그리고 미래로 연결되어 있다. 즉 오늘 우리의 모습은 어제의 결과이고, 내일의 우리는 오늘의 결과일 것이다. 그러므로 세상은 과거로부터 미래로 죽 연결되어 있다고 할 것이다. 따라서 새로운 세상은 어디 하늘에서 뚝 떨어지는 게 아니라 늘 어제의 연속이다.

이러므로 전통 역시 하루아침에 만들어지지 않는다. 조상 대대로 오랜 기간에 걸쳐 내려오면서 오늘의 전통이 형성된 것이다. 그러므로 전통을 무시하고 새로운 것을 추구한다는 말 자체가 어불성설(語不成說)이다. 그런데도 전통을 무시한다면, 우리는 우리의 본래 모습 즉, 정체성을 잃어버리게 된다. 그러니 어떤 경우에도 우리는 우리의 정체성을 지켜야 우리는 우리가 되는 것이다.

- 온고지신(溫故知新)

그리고 우리는 우리가 사는 세상을 가장 이상적인 나라로 가꾸어야 한다. 아름다운 세상, 모두가 평화롭게 사는 세상, 모두가 의식주가 모자라지 않는 세상, 그래서 모두 신선 같이 사는 그런 이상향을 만들어야 한다.

- 무릉도원(武陵桃源)

그러나 사람이 살다 보면 어려움을 당할 수 있다. 어떤 경우에는 혼자서는 감당이 안 되는 일도 만날 수 있다. 그럴 때 주변에서 도와주면 얼마나 좋을까. 서로서로 도와주는 사회보다 더 좋은 사회가 있을까. 서로 돕고 도와주는 사회가 되어야 한다.

- 상부상조(相扶相助)

나아가 서로 마음이 통하는 세상이라면 얼마나 좋을까. 굳이 말을 하지 않더라도 서로서로 심정을 헤아리고 서로를 배려할 줄 아는 세상이 온다면 얼마나 좋을까! 서로 말을 하지 않더라고 그가 내 마음을 알아주고 동시에 내가 그의 마음을 알아주는 세상이라면 살만할 세상이 아니겠는가.

- 이심전심(以心傳心)

　유유상종이라는 말이 있다. 같은 종류의 사람들이 서로 어울린다는 말이다. 이같이 서로 같은 병을 앓고 있는 사람들이 서로 불쌍히 여기는 것처럼 남의 아픔을 나의 아픔으로 생각하는 세상이라면 얼마나 좋을까. 그러기 위해서는 내가 먼저 상대의 마음을 헤아리고 어려움을 도와준다면, 그도 나를 도와주고 또한 내 마음도 알아줄 것이 아닌가.　　　- 동병상련(同病相憐)

　새 하늘과 새 땅을 위하여!

열한째 마당 ① 온고지신 溫故知新

1. 한자 뿌리로 해석하기

溫 2	故 1	知 4	新 3	옛 것(故)을 익히고(溫)
익힐 온	옛 고	알 지	새 신	새 것(新)을 앎(知).

  '옛것을 익히고 그것을 미루어 새것을 안다'는 뜻으로, 옛 학문을 연구하고 그것을 바탕으로 하여 오늘의 현실에 대처할 수 있는 새로운 학문을 연구해야 한다는 말이다.

2. 유래

이 말은 공자가 한 말이다.

옛것을 익혀서 새것을 알면[溫故而知新] 남의 스승이 될 수 있다.

여기서 공자가 학문 중에서도 특히 역사를 중요시한 것을 알 수 있다. '고(故)'란 지나간 일 즉 과거의 역사나 학문을 말한다. '온(溫)'은 본래 불로 고기를 익힌다는 뜻이다. 따라서 과거의 역사나 학문을 공부할 때는 겉만 대충 훑어보는 것이 아니라, 마치 불로 고기를 익혀서 먹듯이 시간을 들여 깊이 생각을 해서 역사적 사건이나 선현들의 생각 속에 숨겨져 있는 오묘한 진리나 지혜를 찾아내어 자기 것으로 만들어야 한다는 것이다.

흔히들 역사는 반복된다고 한다. 따라서 현재나 장래에 일어날 일들도 사실은 과거에 일어난 사건과 크게 차이가 나지 않을 것이다. 그러므로 과거의 역사적 사건 속에서 찾아낸 진리와 지혜로 현재와 장래에 일어날 일에 대비한다면 모두 해결될 수 있을 것이다.

이에 우리는 옛날 서적들을 읽고 그 속에서 현대에 필요한 지식을 찾아야 할 것이다. 왜냐하면 인류의 모든 지식과 지혜는 모두 책 속에 기록되어 있기 때문이다. 그래서 우리는 거기서 필요한 것들을 찾아, 불로 고기기를 구워 먹듯이, 완전히 내 것이 될 때까지 이리저리 추리하고 연구하여 새로운 지식이나 지혜를 창조해야 한다.

다시 말하면 온고이지신이란 옛날의 역사나 학문을 잘 연구하여, 이를 바탕으로 하여 당대 현실이나 장래에 적용할 수 있는 새로운 이론과 학문을 찾아야 한다는 말이다. 그렇게 될 때, 비로소 내가 남의 스승이 될 자격이 있다는 말이다.

— 『논어』 「위정편」

3. 한자 뜯어보기

溫 따뜻할 온

물 수(水, 氵)가 뜻을 나타내고 어질 온(昷)이 소리를 나타내는 글자로 합해서 형성된 글자이다. 원래는 따뜻한 물을 나타냈는데, 뒤에 '따뜻하다, 온유하다, 익히다' 등의 뜻이 나왔다.

※ 온실(溫室) : 따뜻할 온(溫) 방 실(室)로, 각종 식물을 재배하기 위해 따뜻하게 한 방.
　　예 요즘은 겨울에도 溫室에서 화초나 채소를 키운다.
※ 기온(氣溫) : 공기 기(氣) 따뜻할 온(溫)으로, 대기의 온도.
　　예 오늘 아침 氣溫이 갑자기 내려갔다.

故 옛 고

옛 고(古)와 칠 복(攵)이 합해진 글자이다. 회초리를 쳐가며(攵) 옛 것(古)으로 되돌아가게 한다는 뜻이다. 이로부터 '옛날, 연고, 까닭'의 뜻이 되며, 다시 '억지로'라는 뜻도 나왔다.

※ 고사성어(故事成語) : 옛 고(故) 일 사(事) 이룰 성(成) 말씀 어(語)로, 옛날이야기를 근거로 하여 만들어진 말.
　　예 故事成語에는 우리 선조들의 지혜와 교훈 들이 많이 담겨 있다.

知 알 지

화살 시(矢)와 입 구(口)가 합해진 글자이다. 화살처럼(矢) 상황을 정확히 꿰뚫어 말할(口) 수 있는 모양에서 '알다'는 뜻이 나왔다.

※ 인지(認知) : 알 인(認) 알 지(知)로, 분명히 앎.

　　예 그는 당시 사태가 그 정도로 심각한지 잘 認知하지 못하고 있었다.

※ 지명도(知名度) : 알 지(知) 이름 명(名) 정도 도(度)로, 세상에 이름이 알려진 정도.

　　예 그는 학계에서 知名度가 높은 학자이다.

新 새 신

대나무 신(辛)에 도끼 근(斤)이 합해져서 '땔감'의 의미를 나타냈다. 이후 나무 목(木)이 합해져서 지금의 글자 모양이 되었다. 즉 대나무(辛, 木)를 도끼(斤)로 다듬어 새로운 물건을 만든다는 의미가 나오므로, '새롭다'는 뜻으로 주로 쓰인다.

※ 신문(新聞) : 새 신(新) 들을 문(聞)으로, 새로운 소식을 실은 정기 간행물.

　　예 우리는 늘 新聞을 읽으며 세상 돌아가는 정보를 얻는다.

※ 신선(新鮮) : 새 신(新) 싱싱할 선(鮮)으로, 새롭고 싱싱함.

　　예 오늘 생선은 新鮮하구나.

4. 쓰임

* 우리가 고전을 읽는 참 목적은 **온고지신(溫故知新)**하기 위함이다.

* 민족문화의 전통은 **온고지신(溫故知新)**의 정신으로 찾아야 한다.

* 나는 이천 년 전의 '성경'을 오늘날 현대적인 사회에 대입하여 재해석해 보려고 한다. 이런 것을 **온고지신(溫故知新)**이라고 할 수 있을 것이다.

* 좋은 스승이 되려는 자는 먼저 **온고지신(溫故知新)**의 깊은 의미부터 잘 알아야 할 것이다.

5. '바를 정' 자를 표시하며 한자 열 번씩 소리 내어 읽으며 외우기

溫	故	知	新
따뜻할 온	옛 고	알 지	새 신
正正	正正	正正	正正

6. 한자 따라 쓰며 익히기

13획	부수 水, 氵	`丶丶氵氵氵汩汩汩汩汩` `汩汩湿溫`	
溫	溫		
따뜻할 온			
9획	부수 攵	`一十古古古故故故故`	
故	故		
옛 고			
8획	부수 矢	`丿丶丿二仁矢知知知`	
知	知		
알 지			
13획	부수 斤	`丶亠立立辛亲亲亲` `亲亲亲新新`	
新	新		
새 신			

열한째 마당 ②　무릉도원 武陵桃源

1. 한자 뿌리로 해석하기

武¹	陵²	桃³	源⁴	무릉(武陵) 언덕에
굳셀 무	언덕 릉	복숭아 도	근원 원	복숭아꽃(桃)이 핀 근원지(源)

문학작품에 나오는 이상향으로, 중국의 무릉이라는 곳에서 복숭아꽃이 아름답게 핀 수원지를 찾아가다가 발견한 명승지이다. 이 세상이 아닌 별천지를 이르는 말이다.

2. 유래

도연명의 「도화원기」라는 작품에 나오는 이상향의 이름이 무릉도원(武陵桃源)이다. 이 작품을 함께 읽어보기로 한다.

진나라 태원 시대 무릉 고을에 한 어부가 살고 있었는데, 어느 날 개울을 따라가다가 그만 길을 잃고 말았다. 어부는 길을 헤매다가 문득 복숭아 밭을 보게 되었는데 강 양쪽 언덕을 끼고 수백 보에 걸쳐 있었다. 숲에는 잡목이 전혀 없고 향기로운 풀들이 싱싱하고 아름다우며 꽃잎이 떨어져 흩날리고 있었다. 어부는 매우 기이하게 여기며 계속해서 앞으로 나아가 숲의 끝까지 가게 되었는데, 숲은 물이 흘러나오는 곳에서 끝이 나고 문득 산이 하나 가로막고 있었다.

산에는 작은 동굴이 하나 있었다. 거기서 희미한 빛이 흘러나오는데 어부는 배에서 내려 그 안으로 들어갔다. 입구는 너무 좁아 겨우 사람 하나 통과할 정도였지만, 다시 수십 보를 걸어나가니 갑자기 앞이 확 트이며 넓어지더니 환하게 밝아졌다.

땅은 평평하고 넓으며 집들은 가지런하게 지어져 있었고, 기름진 밭과 아름다운 연못, 그리고 뽕나무와 대나무 같은 것들이 자라고 있었다. 밭에

난 길은 사방으로 통해 있었으며, 닭 울고 개 짖는 소리가 들려오고, 그 가운데를 오가며 농사를 짓는 남녀의 옷차림이 모두 세상 사람 같지 않았다. 어른과 아이들이 모두 기쁘게 웃으며 즐거워하였다.

그들은 어부를 보자 이내 크게 놀라며 어떻게 들어왔는지 물었다. 어부가 그대로 대답하자, 그들은 곧 그를 집으로 데리고 가서 술상을 차리고 닭을 잡아 음식을 내어왔다. 또한 마을에 어부가 들어왔다는 소문을 듣고 마을 사람들이 찾아와서 궁금한 것들을 이것저것 물어보았다.

마을 사람들은 옛날 선조들이 진나라 때의 난리를 피해 처자와 사람들을 이끌고 이곳에 왔는데, 그 이후로 다시 밖에 나가지 않아 바깥세상 사람들과 떨어져 살게 되었다고 말하였다. 그러면서 지금이 어느 시대냐고 물었는데, 진나라 이후 한나라를 거쳐 위진 시대에 이른 것도 알지 못했다. 어부가 들어서 알고 있는 것을 자세히 말해주니 모두 놀라워하며 감탄하였다. 나머지 사람들도 교대로 돌아가며 그를 집으로 초대해 술과 밥을 대접하였다.

그렇게 며칠을 머문 후 작별하고 떠나가려는데 마을 사람들 가운데 한 사람이 말하기를 바깥세상 사람들에게는 그들에 대해 말하지 말아 달라고 부탁하였다.

밖으로 나온 어부는 배를 찾아 타고 돌아오면서 길을 따라 지나는 곳마다 표시를 해 두었다. 어부는 군청으로 찾아가서 태수를 만나 뵙고는 자기가 겪은 일에 대해 모두 이야기하였다. 태수는 곧 사람을 시켜 어부를 따라가도록 하였는데, 표시해 둔 대로 찾아갔지만 끝내 그곳을 찾을 길이 없었다.

그때 남양 땅에 유자기라는 고결한 선비가 있었는데, 이 이야기를 듣고는 기뻐하며 거기를 찾아가려 했지만, 찾지 못하고 결국 병이 들어 죽고 말았다.

그 이후로는 이 길을 묻는 자가 없었다고 한다.

3. 한자 뜯어보기

武 굳셀 무

창 과(戈)와 발 지(止)가 합해진 글자이나, 뒤에 창 과(戈)가 주살 익(弋)으로 바뀌어 지금처럼 되었다. 창(戈)을 들고 걸어가는(止) 씩씩한 모습으로, 이에서 '씩씩하다, 용맹하다, 결단력이 있다' 등의 뜻이 나왔고, 다시 '무력'의 뜻으로도 쓰인다.

※ 무기(武器) : 굳셀 무(武) 그릇 기(器)로, 무력에 사용하는 각종 병기.
　　예 각 나라는 더 강한 武器를 개발하기 위해 치열하게 경쟁하고 있다.

※ 무력(武力) : 굳셀 무(武) 힘 력(力)으로, 군대의 힘.
　　예 강한 나라는 武力으로 약한 나라를 침범하기도 한다.

陵 언덕 릉

뜻을 나타내는 언덕 부(阝)와 소리를 나타내는 언덕 릉(夌)이 합해서 형성된 글자로, 높고 '큰 언덕'을 뜻한다.

※ 왕릉(王陵) : 임금 왕(王) 무덤 릉(陵)으로, 임금의 무덤.
　　예 경주에는 신라의 王陵이 지금도 남아 있다.

※ 구릉(丘陵) : 언덕 구(丘) 언덕 릉(陵)으로, 작은 언덕과 큰 언덕.
　　예 그곳은 丘陵 지대이다.

桃 복숭아 도

나무 목(木)과 조짐 조(兆 조→도)가 합해진 글자이다. 조짐 조(兆)자는 점을 칠 때, 거북이 등을 그을려서 둘로 갈라진 금을 말하는데, 이에서 씨가 둘로 갈라지는 복숭아나무를 말한다. 여기서 '복숭아, 복숭아꽃, 복숭아색' 등의 뜻이 나왔다.

※ 황도(黃桃) : 누를 황(黃) 복숭아 도(桃)로, 살이 노란 복숭아의 한 품종.
　　예 식사를 하고도 배가 출출해 냉장고에서 黃桃를 꺼내 먹었다.

源 근원 원

물 수(水, 氵)와 근원 원(原)이 합해서 형성된 글자이다. 물이 흘러나오는 '근원, 유래'의 뜻이 된다.

※ 원천(源泉) : 근원 원(源) 샘 천(泉)으로, 샘이나 사물의 근원.
　[예] 책은 지혜의 源泉이다.
※ 근원(根源) : 뿌리 근(根) 근원 원(源)으로, 어떤 일이 생겨나는 본바탕.
　[예] 그 소문의 根源이 어디인지 궁금하다.

4. 쓰임

* 지리산 골짜기로 들어갔더니 너무 아름다워서 아마도 **무릉도원(武陵桃源)**이 있었다면 이런 곳이 아니었을까 하고 생각했다.

* **무릉도원(武陵桃源)**은 산 좋고 물 좋고 공기 좋은 곳일 것이다.

* 세상이 복잡하고 어려워질수록 사람들은 **무릉도원(武陵桃源)**을 꿈꾸는 듯하다.

* **무릉도원(武陵桃源)**이 있을까? 막상 **무릉도원(武陵桃源)**에 들어간다 하더라도 맨날 복숭아만 먹고 살 수는 없고 무얼 먹고 살지 걱정이다.

* 평생 **무릉도원(武陵桃源)**을 찾아다니지 말고, 자기가 사는 주변을 **무릉도원(武陵桃源)**으로 가꾸면 어떨까?

5. 유의어

별유천지(別有天地) : '속세를 떠난 특별한 경지에 있다'라는 뜻으로, 별세계를 말함.

이상향(理想鄕) : 사람이 상상해 낸 이상적이며 완전한 곳

6. '바를 정' 자를 표시하며 한자 열 번씩 소리 내어 읽으며 외우기

武	陵	桃	源
굳셀 무	언덕 릉	복숭아 도	근원 원
正正	正正	正正	正正

7. 한자 따라 쓰며 익히기

8획	부수 止	` 一 二 千 千 示 正 武 武			
武	武				
굳셀 무					
11획	부수 阜	`  ` ` ` ` 阝 阝一 阝+ 陸 陸 陕 陵			
		陵 陵			
陵	陵				
언덕 릉					
10획	부수 木	一 十 才 木 朾 朾 枏 杉 桃 桃			
桃	桃				
복숭아 도					
13획	부수 水, 氵	` ` ` 冫 氵 汀 汀 沪 沪 沪			
		沼 沼 源 源			
源	遠				
근원 원					

1. 한자 뿌리로 해석하기

相¹	扶²	相³	助⁴	서로(相) 돕고(扶)
서로 상	도울 부	서로 상	도울 조	서로(相) 도와줌(助)

'서로 돕고 서로 도움을 받음'으로, 서로서로 도와줌을 말한다.

2. 도움말

우리나라는 고대로부터 이웃 간에 서로 상부상조(相扶相助)하면서 살아왔다. 이런 풍습은 지금도 결혼식이나 장례식 때 부조를 하는 것으로 남아 있다.

고대 농촌사회에서는 상부상조하면서 농사를 지었으니, 그 대표적인 조직이 두레다. 두레는 촌락 공동체 사회에서 마을 일을 공동으로 하기 위해 조직되었다. 우리 조상들은 이를 통해서 노동을 조직화함으로써 모내기, 추수, 길쌈 등과 같이 개인적으로 해결하기 어려운 일들을 공동으로 처리하여 노동의 생산성을 높였다.

두레는 곧 원둘레와 같이 둥그런 둘레를 의미하며, 인간들이 태양처럼 둥그렇게 하나로 모인 노동공동체를 의미한다. 두레는 노동뿐만 아니라 일의 성격에 따라 군사단체, 도의 단체, 신앙단체, 경기단체 등이 있었다. 아직까지 전해지는 경기두레는 고싸움, 석전, 강강술래, 차전놀이, 줄당기기 등이 남아 있다.

또한 두레는 구성원의 성격에 따라 남자 두레, 선생 두레, 노인 두레 등 다양한 종류가 있었으며, 대표자인 행수와 그 밑에 도감, 수총각 등과 같은 직책을 두어 일사불란하게 조직적으로 운영되었다.

두레가 본격적으로 전개된 것은 조선 후기에 저수지 사업이 활기를 뛰자, 모내기하는 이앙법은 노동력 수요가 가장 많았으므로 공동 노동을 필요로 하는 두레 조직의 체계화를 촉진시켰다.

3. 한자 뜯어보기

相 서로 상

나무 목(木)과 눈 목(目)이 합해진 글자이다. 나무(木)를 눈(目)으로 서로 마주 보는 데서 '서로, 마주, 모양' 등의 뜻이 나왔다.

※ 상대(相對) : 서로 상(相) 대할 대(對)로, 어떤 일로 서로 마주 대하는 사람.
　예 우리 相對는 만만하지 않다.
※ 관상(觀相) : 볼 관(觀) 모양 상(相)으로, 얼굴의 생김새.
　예 나는 觀相보다는 마음, 즉 심상이 중요하다고 생각한다.

扶 도울 부

손 수(手, 扌)와 사나이 부(夫)가 합해진 글자이다. 사나이(夫)가 힘이 세어 손(扌)으로 '돕다, 붙들다, 부축하다' 등의 뜻이 나왔다.

※ 부양(扶養) : 도울 부(扶) 기를 양(養)으로, 생활 능력이 없는 사람을 도와서 살게 함.
　예 그는 扶養해야 할 가족이 많다.
※ 부조(扶助) : 도울 부(扶) 도울 조(助)로, 관혼상제에 돈이나 물품으로 도와줌.
　예 5월에는 결혼하는 사람들이 많아서 결혼 扶助가 많이 나간다.

相 서로 상

나무 목(木)과 눈 목(目)이 합해진 글자이다. 나무(木)를 눈(目)으로 서로 마주 보는 데서 '서로, 마주, 모양' 등의 뜻이 나왔다.

※ 상봉(相逢) : 서로 상(相) 만날 봉(逢)으로, 서로 만남.

　　예 예전에 남북한의 이산가족이 相逢하던 모습이 기억난다.

※ 면상(面相) : 낮 면(面) 모양 상(相)으로, 얼굴의 생김새.

　　예 그는 面相이 날카롭게 생겼다.

助 도울 조

또 차(且)와 힘 력(力)이 합해진 글자이다. 또 차(且)자는 할아버지 조(祖)자의 본래 글자이므로, 조상(且)의 힘(力)이 우리를 도와준다는 의미에서 '돕다'라는 뜻이 나왔다.

※ 조언(助言) : 도울 조(助) 말씀 언(言)으로, 말로 거들거나 깨우쳐 줌.

　　예 어려운 일에는 어른들의 助言을 받으면 도움이 된다.

※ 협조(協助) : 합칠 협(協) 도울 조(助)로, 힘을 합쳐 서로 도와줌.

　　예 여러분들의 協助로 일을 무사히 마치게 되어 감사드립니다.

4. 쓰임

* 우리나라는 일찍부터 큰일을 당하면 이웃 간에 서로 **상부상조(相扶相助)** 하는 미풍양속이 이어져 오고 있다.

* 매년 연말에 벌어지는 불우이웃돕기 행사는 고대로부터 내려오는 **상부 상조(相扶相助)**의 전통이라고 생각한다.

* 중세 유럽에서도 동업자들끼리 길드라는 조합을 만들어 서로 **상부상조 (相扶相助)**하였다고 한다.

* 우리 겨레는 고래로부터 계, 두레, 품앗이, 향규 등으로 **상부상조(相扶相助)**하면서 살아왔다.

* 앞으로는 핵가족 사회라 **상부상조(相扶相助)**의 전통이 더욱 중요하리라고 생각한다.

5. '바를 정' 자를 표시하며 한자 열 번씩 소리 내어 읽으며 외우기

相	扶	相	助
서로 상	도울 부	서로 상	도울 조
正正	正正	正正	正正

6. 한자 따라 쓰며 익히기

9획	부수 木	一 十 才 术 机 机 相 相 相			
相 相					
서로 상					

7획	부수 手, 扌	一 十 扌 扩 扩 扶 扶			
扶 扶					
도울 부					

9획	부수 木	一 十 才 术 机 机 相 相 相			
相 相					
서로 상					

7획	부수 力	丨 𠃌 月 日 且 助 助			
助 助					
도울 조					

열한째 마당 ④　이심전심 *以心傳心*

1. 한자 뿌리로 해석하기

以 2	心 1	傳 4	心 3	마음(心)으로써(以)
써 이	마음 심	전할 전	마음 심	마음(心)을 전함(傳).

　불교에서 나온 말로, '석가와 가섭이 마음으로 마음을 전한다'는 뜻이다. 이는 말로써 설명할 수 없는 심오한 뜻은 서로 마음으로 깨닫는 수밖에 없다는 것이다. 또한 마음이 서로 통하여 말을 하지 않아도 의사가 전달됨을 말한다.'

2. 유래

　이 말은 불가에서 나온 말이다.

　어느 날 석가는 제자들을 영산에 불러 모았다. 그리고 그들 앞에서 손가락으로 연꽃 한 송이를 집어 들고 말없이 약간 비틀어 보였다. 제자들은 석가가 왜 그러는지 그 뜻을 알 수 없었다. 그러나 가섭만은 그 뜻을 깨닫고 빙긋이 웃었다. 가섭만이 '연꽃은 진흙 속에서 살지만, 꽃이나 잎에는 진흙이 묻지 않듯이 불교 신자 역시 세속의 추함에 물들지 말고 오직 선을 행하라'는 뜻으로 이해했던 것이다. 그때 석가가 가섭에게 말했다. '나에게는 정법안장(인간이 원래 갖추고 있는 마음속의 지혜)와 열반묘심(번뇌를 벗어나 진리에 도달한 마음), 실상무상(불변의 진리), 미묘법문(진리를 아는 마음), 불립문자 교외별전(모두 언어나 경전에 의지하지 않고 마음에서 마음으로 전하는 오묘한 뜻)이 있다. 이것을 너에게 전해 주마.

　이처럼 이심전심(以心傳心)은 문자를 배격하거나 문자의 무용론을 주장하는 것이 아니라 정법안장의 도리야말로 마음을 깨달은 사람에 의거하여 마음을 깨달은 사람에게 전승된다는 것을 단적으로 설명해주는 방식이다.

– 『전등록』

3. 한자 뜯어보기

以 써 이

여기서는 무엇 '-으로써'라는 뜻의 전치사로 쓰였다.

心 마음 심

심장을 그린 문자로, '마음'을 나타낸다. 동양에서는 고대에 마음이 심장에 있다고 생각했기에 이런 글자가 나오게 되었다.

※ 심리(心理) : 마음 심(心) 다스릴 리(理)로, 마음이 움직이는 상태.
[예] 선생님은 우리들의 心理 상태를 잘 파악하고 계신 듯하다.
※ 핵심(核心) : 씨 핵(核) 마음 심(心)으로, 사물의 중심이 되는 주요한 부분.
[예] 우리는 항상 사물이나 사건의 核心을 알아야 한다.

傳 전할 전

사람 인(人)과 오로지 전(專)이 합해진 글자이다. 사람(人)이 관청의 문서를 오로지(專) 한 곳으로 전하는 데서 '전하다'라는 뜻이 나왔다.

※ 전승(傳承) : 전할 전(傳) 받들 승(承)으로, 전통적인 것을 전해 이어받음.
[예] 전통문화는 소중하게 傳乘해 나가야 한다.
※ 선전(宣傳) : 알릴 선(宣) 전할 전(傳)으로, 전하고 싶은 것을 사람들에게 알리고 전함.
[예] 요즘 기업은 자사 제품을 宣傳하는데 주력하고 있다.

心 마음 심

심장을 그린 문자로, '마음'을 나타낸다. 동양에서는 고대에 마음이 심장에 있다고 생각했기에 이런 글자가 나오게 되었다.

※ 욕심(慾心) : 욕심 욕(慾) 마음 심(心)으로, 분수에 지나치게 탐냄.
[예] 사람의 모든 잘못이나 죄는 慾心에서 비롯된다. 그러므로 항상 마음을 비우는 자세와 훈련이 필요하다.

4. 쓰임

* 나와 그 사람은 말을 하지 않더라도 **이심전심(以心傳心)**으로 생각이 잘 통하는 친구이다.

* **이심전심(以心傳心)**이라더니, 우리는 아무 말을 하지 않았지만, 어느새 서로 사랑하는 사이로 변하고 있었다.

* 그들은 은밀한 가운데 **이심전심(以心傳心)**으로 무언가 마음이 통하는 것을 느꼈다.

* 나는 어쩐지 그 사람이 마음에 들지 않았다. 그도 나의 이런 마음을 **이심전심(以心傳心)**으로 알았는지 나를 대하는 태도가 예전 같지 않았다.

* 우리 부모님들은 **이심전심(以心傳心)**으로 모든 것이 잘 통하는 사이 같다.

5. 유의어

교외별전(教外別傳) : 경전 밖의 특별한 전승이라는 뜻으로, 마음과 마음으로 뜻을 전함.

불립문자(不立文字) : 문자로 가르침을 세우는 것이 아니라는 뜻으로, 따로 언어나 문자로 말하지 않는 데 참뜻이 있다고 함.

6. '바를 정' 자를 표시하며 한자 열 번씩 소리 내어 읽으며 외우기

以	心	傳	心
써 이	마음 심	전할 전	마음 심
正正	正正	正正	正正

7. 한자 따라 쓰며 익히기

5획	부수 人	ノ ㇏ ㇏ 以 以			
以	以				
써 이					
4획	부수 心	ﾉ 心 心 心			
心	心				
마음 심					
13획	부수 人, 亻	ノ 亻 亻 亻 伶 伶 伶 俥 俥 俥 傳 傳 傳			
傳	傳				
전할 전					
4획	부수 心	ﾉ 心 心 心			
心	心				
마음 심					

1. 한자 뿌리로 해석하기

同 1	病 2	相 3	憐 4	같은(同) 병(病)을 앓는
한가지 동	병 병	서로 상	불쌍히 여길 련	자끼리 서로(相) 불쌍히 여김(憐)

'같은 병자끼리 서로 가엾게 여긴다'는 뜻으로, 어려운 처지에 있는 사람들끼리 서로 불쌍히 여겨 동정하고 도와줌을 말한다.

2. 유래

　오자서는 원래 초나라의 명문 출신이었다. 하지만 그의 집안은 비무기의 모함으로 인해 몰락하고 말았다. 이에 오자서는 어쩔 수 없이 오나라로 망명했다. 오자서는 왕이 되려는 야심을 가지고 있는 공자 광에게 자객 전저를 소개해 주었다. 광은 전저를 시켜 오왕을 죽이고 왕위에 올랐는데, 이 사람이 바로 춘추오패의 한 사람인 합려이다.

　합려는 오자서의 도움으로 왕위에 올랐기에 그를 대부로 임명했다. 마침 그때 초나라의 대신 백주리 부자가 주살을 당하자 그의 손자인 백비가 오나라로 망명해 왔다. 오자서는 같은 나라 출신인 백비를 합려에게 추천했고, 합려는 오자서의 말을 믿고 백비를 대부에 임명했다. 합려는 백비를 환영하는 잔치를 베풀었는데, 백비를 얹잖게 생각하던 대부 피리가 오자서에게 말했다.

　"백비의 눈매는 매와 같고 걸음걸이는 호랑이와 같으니, 눈 하나 깜짝하지 않고 살인을 저지를 사람입니다. 친하게 지내서는 안 됩니다."

　오자서가 대답했다.

　"그것은 그와 내가 부모가 억울하게 죽은 같은 원한을 가지고 있기 때문입니다. 그대는 〈하상가〉를 들어 보지 못했습니까? '같은 병을 앓으니 서로 불쌍히 여기고[同病相憐], 같은 걱정이 있으니 서로 구해 주네. 놀라서 날아오르는 새들은 서로 따르며 날아가고, 여울을 따라 흐르는 물은 그로 인하여 다시 함께 흐르네.'라고 하였습니다."

뒷날 오자서는 월나라에 매수된 백비의 무고로 분에 못 이겨 죽고 만다.

－『오월춘추(吳越春秋)』「합려 내전(闔閭內傳)」

3. 한자 뜯어보기

同 한가지 동

모두 범(凡)와 입 구(口)가 합해진 글자이다. 모두(凡) 말하다(口)에서 '한가지, 함께, 모두, 같다' 등의 뜻이 나왔다.

※ 동의(同意) ; 같을 동(同) 뜻 의(義)로, 같은 뜻.
　예 정치가들은 모든 일을 할 때 국민의 同意를 얻어야 한다.
※ 합동(合同) ; 합할 합(合) 한가지 동(同)으로, 여럿이 모여 하나로 합함.
　예 매년 한국군과 미군이 合同으로 군사훈련을 한다.
※ 동시(同時) : 같을 동(同) 때 시(時)로, 같은 때.
　예 친구들이 약속이나 한 듯 同時에 도착했다.

病 병 병

艸 갑골문에는 병든 사람이 침대에 누워 땀을 흘리는 모습을 그렸다. 뒤에 병들 녁(疒)자와 남녘 병(丙)자가 합해서 지금 같은 글자가 되었다. 병(丙)은 '불'이므로, 열이 점점 심해진다는 의미에서 '병, 근심, 앓다'란 뜻이 나왔다.

※ 병원(病院) : 병 병(病) 집 원(院)으로, 병자를 치료하는 집.
  예 그는 조금만 아파도 病院에 간다.
※ 질병(疾病) : 병 질(疾) 병 병(病)으로, 병. 보통 질(疾)은 비교적 가벼운
  병, 병(病)은 심각한 병을 말한다.
  예 살면서 疾病에 안 걸리는 것은 큰 복이라 할 것이다.

相 서로 상

나무 목(木)과 눈 목(目)이 합해진 글자이다. 나무(木)를 눈(目)으로 서로
마주 보는 데서 '서로, 마주, 모양' 등의 뜻이 나왔다.

※ 상생(相生 : 서로 상(相) 살 생(生)으로, 서로 살려줌.
  예 인간과 자연이 相生할 수 있는 길은 무엇일까?
※ 심심상인(心心相印) : 마음 심(心) 마음 심(心) 서로 상(相) 새길 인(印)으
  로, 마음과 마음이 서로 새김. 이심전심(以心傳心)과 같은 말.
  예 우리는 조용한 침묵 가운데 있지만, 마음만은 心心相印으로 서로 통
  하고 있다.

憐 불쌍히 여길 련

마음 심(心)자와 도깨비불 린(燐)자가 합해진 글자이다. 린(燐)자는 가엾
고 측은한 사람의 영혼을 금세라도 사라질 것만 같은 도깨비불에 비유한 글
자이다. 여기서 '불쌍히 여기다, 가엽게 여기다'라는 뜻이 나왔다.

※ 연민(憐憫) : 불쌍히 여길 련(憐) 불쌍히 여기 민(憫)으로, 불쌍히 여김.
  예 그에게 憐憫의 정을 느낀다.
※ 가련(可憐) : 옳을 가(可) 불쌍히 여길 련(憐)으로, 불쌍히 여길 만함.
  예 늙고 병든 노인들을 보면 可憐함을 느낀다.
※ 애련(哀憐) : 슬플 애(哀) 불쌍히 여길 련(憐)으로, 가엽고 애처롭게 여김.
  예 늙고 병든 노인들을 보면 哀憐한 생각이 든다.

4. 쓰임

* **동병상련(同病相憐)**이라고, 스스로 어려운 처지를 당해 본 사람들이 남의 어려운 처지도 더 잘 이해하게 된다.

* 홀어머니 밑에서 외롭게 자란 나는 아빠가 일찍 돌아가시고 나처럼 홀어머니 밑에서 자랐다는 그에게 **동병상련(同病相憐)의** 정을 느꼈다.

* 이 사이트는 특히 치매 노인 가족들을 위한 **동병상련(同病相憐)**의 방이다.

* 나는 그의 말을 들으면서 연민의 정 같기도 한 **동병상련(同病相憐)**의 감정 같은 것을 느꼈다.

* 실제 병원에서 나와 같은 희귀한 병을 앓고 있는 사람을 만나면 이상하게 **동병상련(同病相憐)**의 감정이 일어남을 숨길 수 없다.

5. 유의어

유유상종(類類相從) : 같은 무리끼리 서로 왕래하며 사귐

동성상응(同聲相應) : 같은 소리는 서로 응한다는 뜻으로, 의견을 같이하면 자연히 서로 통함.

6. '바를 정' 자를 표시하며 한자 열 번씩 소리 내어 읽으며 외우기

同	病	相	憐
한가지 동	병 병	서로 상	불쌍히 여길 련
正正	正正	正正	正正

7. 한자 따라 쓰며 익히기

6획	부수 口	丨 冂 冂 同 同 同		
同	同			
한가지 동				
10획	부수 疒	` 一 广 广 疒 疒 疒 病 病 病		
病	病			
병 병				
9획	부수 目	一 十 才 木 利 利 相 相 相		
相	相			
서로 상				
15획	부수 心, 忄	` ` 忄 忄 忄 忙 忰 忴 憐 憐 憐 憐 憐 憐 憐		
憐	憐			
불쌍히 여길 련				

열두째 마당

좋은 지도자란?

살신성인

읍참마속

선우후락

삼고초려

홍익인간

좋은 지도자를 가진 백성들은 행복하다. 그러면 어떤 지도자가 좋은 지도자일까?

지도자란 먼저 말보다는 실천하는 사람이어야 한다. 말은 쉽지만, 실천은 어렵기 때문이다. 그러므로 지도자는 무엇보다 솔선수범하는 사람이어야 한다. 그래서 부하를 위하고 올바른 일을 위해서라면 죽음이 닥치더라고 두려워하지 않으며, 그 앞에 목숨까지도 아깝게 여기지 않는 용감한 사람이어야 한다.

- 살신성인(殺身成仁)

남의 지도자가 되려면 먼저 스스로를 죽여야 한다. 즉 자기의 이기심과 욕심을 죽이고, 자기를 위해서가 아니라 다른 사람을 위해 사는 사람으로 거듭 태어나야 한다. 그렇게 하면 아랫사람들이 그를 믿고 따라줄 것이다.

특히 나라를 다스리는 지도자는 무엇보다 법을 바로 세워야 한다. 그래야 질서가 선다. 그러므로 규율에 어긋나는 사람은 아무리 가까운 사람이라 하더라도 법에 따라 엄정하게 처리해야 한다.

- 읍참마속(泣斬馬謖)

법을 세우기 위해서 자기와 가까운 사람이라도 처벌하는 것을 보면 모든 사람이 법을 지킬 것이다. 그러면 나라는 자연히 법을 통해 질서가 잡힐 것이다.

또한 한 나라의 지도자는 항상 나라와 백성을 걱정하느라 스스로 즐길 시간이 없어야 한다. 먼저 나라와 백성들의 어려운 일을 처리하고 나서 스스로를 돌아보아야 할 것이다.

- 선우후락(先憂後樂)

그러나 나라는 혼자서는 다스릴 수 없다. 그러므로 나라 안의 현명한 사람들을 찾아 각각 잘하는 분야의 일을 믿고 맡겨야 한다. 그래서 어디에 현명한 사람이 있다면 어떤 먼 곳이라도 찾아가서 모시고 와야 한다. 그리하여 훌륭한 사람들이 많이 모이면 나라는 저절로 잘 다스려지게 될 것이다.

- 삼고초려(三顧草廬)

　　훌륭한 지도자는 자기 편만 아니라 모든 사람을 두루 살리고 도와주어야 할 것이다. 즉 널리 인간 세상을 이롭게 하는 사람이 되어야 한다.

- 홍익인간(弘益人間)

　　홍익인간의 세상을 위하여!

1. 한자 뿌리로 해석하기

殺₂	身₁	成₄	仁₃	자기의 몸(身)을 죽여(殺)
죽일 살	몸 신	이룰 성	어질 인	어진(仁) 일을 이룸(成).

'자기를 죽여 인을 이룬다'는 뜻으로, 자기를 희생하여서라도 올바른 도리를 행함을 말한다.

2. 유래

어느 날 공자가 제자들에게 말했다.

"뜻있는 선비와 어진 사람은 살기 위해서 인을 해치는 일이 없고, 오히려 자기 몸을 죽여서 인을 이루는 경우는 있다."

여기서 뜻 있는 선비란 도의에 뜻을 둔 사람을 말하고, 어진 사람이란 어진 덕을 갖춘 사람을 말한다. 그러므로 위의 말은 사람이 마땅히 죽어야 할 때 살기를 바란다면 마음에 불안한 바가 있을 것이니, 이는 마음의 덕을 해치는 것이다. 따라서 마땅히 죽어야 할 때 죽으면 마음이 편안하고 덕이 온전할 것이라는 말이다.

다시 말하자면 삶이 의리보다 중하지 않고 삶이 죽음보다 편안하지 않음을 실제로 알기 때문에 목숨을 바쳐 인을 이루는 것이다. 즉 뜻 있는 선비나 어진 사람은 삶이 소중하다고 하여 그것 때문에 뜻이나 인을 잃는 일은 절대로 없다. 오히려 때로는 자기의 목숨을 버리면서까지 인과 의를 이루려고 하는 것이다. 이것이 바로 살신성인(殺身成仁)의 정신이다.

– 『논어』 「위령공편」

3. 한자 뜯어보기

殺 죽일 살

죽일 살(殺)의 생략형과 창 수(殳)가 합해진 글자이다. 창으로 죽이는 모습에서 '죽이다'라는 뜻이 나왔다.

※ 살균(殺菌) : 죽일 살(殺) 세균 균(菌)으로, 약품이나 열 따위로 세균을 죽임.
  예 칫솔도 주기적으로 殺菌해야 한다고 한다.

※ 살상(殺傷) : 죽일 살(殺) 다칠 상(傷)으로, 죽이거나 다치게 함.
  예 동물들을 함부로 殺傷해서는 안 된다.

身 몸 신

아이를 밴 여자의 모습인데, 두루 '몸'의 뜻으로 쓰인다. 배 가운데의 점은 배 속에 있는 아이를 나타낸다.

※ 신세(身世) : 몸 신(身) 세상 세(世)로, 자기 몸이 세상에 처한 처지.
  예 그는 젊어서는 노력하지 않고 놀다가 늙어서야 자기의 비참한 身世를 한탄했다.

※ 입신(立身) : 설 립(立) 몸 신(身)으로, 사회에서 자기의 기반을 닦고 출세함.
  예 그는 사법시험에 합격해 立身 출세하고자 한다.

成 이룰 성

도끼로 나무토막을 쪼개어 무엇을 만드는 모습을 그린 것에서, '이루다, 이루어지다'라는 뜻이 나왔다.

※ 성공(成功) : 이룰 성(成) 공로 공(功)으로, 자기가 하고자 하는 일을 이룸.
  예 그는 자기 분야에서 成功한 셈이다.

※ 구성(構成) : 얽을 구(構) 이룰 성(成)으로, 여러 가지 요소들을 얽어 전체를 이룸.
  예 그는 형상과 색채를 조화롭게 構成했다.

仁 어질 인

사람 인(亻) 변에 두 이(二)가 붙어서, 두 사람이 서로 양보하며 친하게 지내야 한다는 의미에서 '어질다'의 뜻이 나왔다.

※ 인후(仁厚) : 어질 인(仁) 두터울 후(厚)로, 어질고 후덕함.

　예 그는 성질이 仁厚하여 어질고 덕성스럽다.

※ 인의예지(仁義禮智) : 어질 인(仁) 옳을 의(義) 예절 예(禮) 지혜 지(智)로, 사람으로서 갖추어야 할 네 가지 마음가짐, 즉 어짊과 의로움과 예절과 지혜를 말한다.

　예 시대가 아무리 바뀌더라도 사람은 마음속에 仁義禮智를 가져야 한다.

4. 쓰임

* **살신성인(殺身成仁)**의 정신으로 사람들을 구하다가 목숨을 잃은 소방관의 영정 앞에서 모든 시민이 머리를 깊이 숙였다.

* 진정한 지도자는 **살신성인(殺身成仁)**의 희생정신을 가져야 한다.

* 지금처럼 어려운 경기 속에서 우리 회사가 살아남기 위해서는 여러분 한 사람 한 사람의 **살신성인(殺身成仁)**하려는 마음가짐이 절실히 필요합니다.

* 그는 회장직을 내려놓으면서 자신의 이러한 **살신성인(殺身成仁)**의 일을 계기로 하여 더 이상의 집안싸움은 이제 중지해야 한다고 촉구했다.

* **살신성인(殺身成仁)**하는 사람을 찾기 전에 내가 그런 사람이 될 수는 없을까?

5. 유의어

사생취의(捨生取義) : 목숨을 버리고 의리를 좇는다는 뜻으로, 비록 목숨을 버릴지언정 옳은 일을 함을 일컫는 말

살신입절(殺身立節) : 자기의 몸을 희생하여 절개를 세움

6. '바를 정' 자를 표시하며 한자 열 번씩 소리 내어 읽으며 외우기

殺	身	成	仁
죽일 살	몸 신	이룰 성	어질 인
正正	正正	正正	正正

7. 한자 따라 쓰며 익히기

11획	부수 殳	´ ㄨ ㄥ 杀 ㄆ 杀 杀 杀 杀 殺 殺				
殺	殺					
죽일 살						
7획	부수 身	´ ㄥ ㄇ ㄇ 白 身 身				
身	身					
몸 신						
7획	부수 戈	ㄝ ㄏ ㄈ 厈 成 成 成				
成	成					
이룰 성						
7획	부수 人, 亻	ㄥ 亻 仁 仁				
仁	仁					
어질 인						

1. 한자 뿌리로 해석하기

泣 1	斬 4	馬 3	謖 4	울면서(泣) 마속(馬謖)의
울 읍	벨 참	말 마	일어날 속	목을 벰(斬)

'눈물을 머금고 마속의 목을 벤다'는 뜻으로, 법과 질서를 바로잡기 위해서는 결코 사사로운 정에 이끌리지 말고 법대로 엄하게 처단해야 함을 이르는 말이다.

2. 유래

촉나라 왕 유비는 동오와의 전투에 출전하였다가 대패하고 병을 얻어 세상을 떠나면서 제갈량과 이엄에게 아들 유선의 장래를 부탁하였다. 유선이 유비의 뒤를 이었는데, 역사에서는 유선을 후주(後主)라고 부른다.

건흥 6년(228) 봄, 제갈량은 군사를 이끌고 북쪽에 있는 위나라를 공격했다. 제갈량은 「출사표」를 올린 후에 위나라를 공격하기 위해 한중을 나와 장안을 향해 진군했다. 한중에서 우회하여 기산에 이른 다음 장안으로 진군하려는 전략이었다. 이때 위연은 자오곡을 질러 바로 장안으로 기습하자는 의견을 내었지만, 제갈량은 이 의견을 받아들이지 않았다. 국력을 다 기울인 이 전투에서 성공하면 다행이지만 만약 실패할 경우 나라의 뿌리가 흔들릴 정도의 타격을 입기 때문이었다. 한편 위나라는 하후무를 총사령관으로 하여 가정을 향하여 대적해 왔다.

제갈량은 전력상의 요충지인 가정을 지킬 장수로 마속을 보내면서 가정의 길목을 지켜 적이 접근하지 못하도록 막으라고 명령했다. 하지만 마속은 자신의 능력만을 믿고 적을 끌어들여 역습하려고 하다가 도리어 산등성이에서 장합의 군대에 포위당해 힘 한번 써 보지 못하고 참패하고 말았다. 이 때문에 제갈량은 할 수 없이 군대를 이끌고 한중으로 퇴각해야만 했다.

마속은 훌륭한 장군이요 제갈량과 절친한 마량의 아우였지만, 제갈량은 진중으로 돌아오자 눈물을 머금고 마속의 목을 베었다.

장관이 제갈량을 보고 "앞으로 천하를 평정하려면 마속 같은 유능한 장군이 필요한데, 그를 없앴다는 것은 참으로 아까운 일입니다." 하고 말했다. 이에 제갈량이 눈물을 흘리며 "손무 장군이 싸워서 항상 이길 수 있었던 것은 군대 규율을 분명히 하였기 때문이다. 지금같이 어지러운 세상에 전쟁을 시작하면서부터 군율을 무시하게 되면 어떻게 적을 평정할 수 있겠는가?"라고 대답했다.

제갈공명은 군대의 규율을 바로잡기 위해서 눈물을 흘리면서까지 친한 친구의 아우인 마속의 목을 베었다. 이를 읍참마속(泣斬馬謖)이라 한다.

- 『삼국지 · 촉서(蜀書)』 「마량전(馬良傳)」

3. 한자 뜯어보기

泣 울 읍

물 수(水, 氵)와 설 립(立)이 합해진 글자이다. 사람이 소리 없이 서서(立) 눈물(氵)을 흘리는 모습에서 '울다, 눈물을 흘리다'라는 뜻이 나왔다.

※ 읍소(泣訴) : 울 읍(泣) 하소연할 소(訴)로, 울면서 하소연함.
　예 그 소년은 의사에게 어머니를 살려 달라고 泣訴하며 매달렸다.

※ 감읍(感泣) : 느낄 감(感) 울 읍(泣)으로, 감동하여 욺.
　예 임금이 내린 비단을 받은 효녀는 感泣하여 그 자리에서 궁궐 쪽을 향해 절을 올렸다.

斬 벨 참

차 차(車)와 도끼 근(斤)이 합해서 만들어진 글자이다. 차에 실은 무기로 적을 벤다 하여, '베다, 끊다'는 뜻이 나왔다.

※ 참수(斬首) : 벨 참(斬) 머리 수(首)로, 죄인의 머리를 벰.
　예 조선 시대에는 죄인들을 斬首하는 일이 많았다고 한다.

馬 말 마

 갑골문에서는 말의 긴 머리와 갈기와 발과 꼬리를 모두 사실적으로 그려 '말'을 나타낸 그림문자이다.

※ 승마(乘馬) : 탈 승(乘) 말 마(馬)로, 말을 탐.

예 요즘 乘馬 인구가 늘었다고 한다.

※ 낙마(落馬) : 떨어질 락(落) 말 마(馬)로, 말에서 떨어짐.

예 말을 탈 때 항상 落馬하지 않도록 조심해야 한다.

謖 일어날 속

말씀 언(言)과 밭 갈 측(㚟)이 합해서 형성된 것으로, '일어나다, 일어서다, 여미다' 등의 뜻이 나왔다.

4. 쓰임

* 진정한 지도자는 **읍참마속(泣斬馬謖)**할 줄 아는 정신의 소유자여야 한다.

* 공을 위하여 사를 **읍참마속(泣斬馬謖)**하는 일은 정말 어려운 일이지만 그래야만 조직이 제대로 굴러간다.

* 내 주변에 **읍참마속(泣斬馬謖)**해야 할 친구가 있는지 한번 곰곰이 생각해 보자.

* 아무리 공을 위하여 **읍참마속(泣斬馬謖)**한다지만, 그 마음이야 어찌 슬프지 않겠는가.

5. 유의어

일벌백계(一罰百戒) : 한 사람을 벌주어 백 사람을 경계한다는 뜻.

6. '바를 정' 자를 표시하며 한자 열 번씩 소리 내어 읽으며 외우기

泣	斬	馬	謖
울 읍	벨 참	말 마	일어날 속
正正	正正	正正	正正

7. 한자 따라 쓰며 익히기

8획	부수 水, 氵	`丶丶氵氵汀汀泣泣		
泣	泣			
울 읍				
11획	부수 斤	一丆币币酉車車車斬 斬斬		
斬	斬			
벨 참				
10획	부수 馬	丨厂厂厈厈馬馬馬馬馬		
馬	馬			
말 마				
17획	부수 言	丶亠言言言言言訁訶 謵謵謵謵謵謖謖謖		
謖	謖			
일어날 속				

열두째 마당 ③   선우후락 先憂後樂

1. 한자 뿌리로 해석하기

先 2	憂 1	後 4	樂 3	근심되는 일(憂)을 먼저(先) 하고, 즐거운 일(樂)은 나중에(後) 함.
먼저 선	근심할 우	뒤 후	즐길 락	

  '근심할 일을 먼저 근심하고 즐길 일은 나중에 즐긴다'는 뜻으로, 어려운 일을 먼저 하고 나서 즐기는 것은 나중에 한다는 말이다.

2. 유래

>   이 말은 중국 북송 때 범중엄이 지은 「악양루기」에 나오는 말이다.

>   오호라. 내가 일찍이 옛날 어진 분들의 마음을 알아보았는데, 부처와 노자가 다른 점이 무엇이 있겠는가? 부귀와 명예로 인해 기뻐하지 아니하고, 자신의 일로 슬퍼하지 않았다. 관청의 높은 벼슬자리에 있을 때는 백성들을 근심하고, 벼슬에서 물러나 시골의 먼 곳에 있을 때에는 왕을 걱정했으니, 벼슬에 나아가서도 걱정하고 물러나서도 걱정하였다. 그런즉 어느 때에 즐거워하였겠는가? 그들은 분명히 "천하 백성들이 근심하기 전에 먼저 근심하고, 천하 백성들이 즐거워한 후에야 즐거워한다."고 말할 것이다. 오호라. 이런 사람이 아니라면 내가 누구와 함께 하겠는가!

>   백성들보다 먼저 근심하고 백성들보다 뒤에 즐기는 사람, 이런 사람이 바로 훌륭한 지도자다.

– 『고문진보』 「악양루기」

3. 한자 뜯어보기

先 먼저 선

갑골문에 발 지(止)와 사람 인(儿)이 합해져서, 어떤 사람(儿)의 발(止)이 앞으로 나갔음을 나타냈다. 여기서 '앞, 이전, 먼저' 등의 뜻이 나왔다. 글자 모양이 변해 지금처럼 되었다.

※ 선생(先生) : 먼저 선(先) 날 생(生)으로, 나보다 먼저 난 사람. 학생을 가르치는 사람.

　예 우리 先生님은 친절하고 자상하게 가르쳐 주신다.

※ 선두(先頭) : 먼저 선(先) 머리 두(頭)로, 맨 앞쪽.

　예 그는 처음부터 결승점까지 先頭를 빼앗기지 않았다.

憂 근심할 우

위는 머리 혈(頁), 중간은 마음 심(心)으로, 아래는 뒤쳐져서 올 치(夊)로 구성되었다. 이는 찌푸린 얼굴(頁)로 춤을 추는(夊) 제사장의 마음(心)을 형상화한 것이다. 어떤 걱정거리를 해결하기 위해 신에게 비는 제사장의 근심 어린 마음으로부터 '근심하다, 걱정하다' 등의 뜻이 나왔다.

※ 우국(憂國) : 근심할 우(憂) 나라 국(國)으로, 나랏일을 근심하고 걱정함.

　예 우리 모두 항상 憂國지사의 심정으로 살아야 우리나라가 세계에서 살아남을 수 있음을 알아야 한다.

※ 우려(憂慮) : 근심할 우(憂) 걱정할 려(慮)로, 근심하고 걱정함.

　예 이번 홍수로 산사태가 憂慮된다.

後 뒤 후

조금 걸을 척(彳)과 작을 요(幺)와 천천히 걸을 쇠(夊)가 합해진 글자이다. 조금씩 작게(幺) 천천히 걸어가니(彳, 夊) 뒤떨어진다는 데서 '뒤지다'는 뜻이 나온다. 이어 '뒤, 후계자, 후손' 등의 뜻도 나온다.

※ 후배(後輩) : 뒤 후(後) 무리 배(輩)로, 학교나 직장 등에 자기보다 뒤에
들어온 사람.
  예 그는 내 학교 後輩이다.
※ 후회(後悔) : 뒤 후(後) 뉘우칠 회(悔)로, 어떤 일이 벌어진 뒤에야 잘못을
뉘우침.
  예 이제 와서 後悔한들 어떡하겠니?

樂 즐길 락

나무로 만든 악기 받침대 위에 악기들을 올려놓은 그림이다.
악기 소리를 들으면 즐거우므로 '즐겁다, 즐기다'는 뜻이 나왔
다. 또한 요산요수(樂山樂水)에서처럼 좋아할 요(樂)로도 쓰인다.

※ 음악(音樂) : 소리 음(音) 풍류 악(樂)으로, 인간의 감정을 목소리나 악기
로 연주하는 예술.
  예 나는 현대 音樂을 그리 좋아하지 않는다.
※ 고락(苦樂) : 괴로울 고(苦) 즐거울 락(樂)으로, 괴로움과 즐거움.
  예 부부는 평생 서로 苦樂을 함께 하는 사이이다.

4. 쓰임

* **선우후락(先憂後樂)**은 뜻있는 지도자나 어진 사람의 마음씨를 가리키는
  말이다.

* **선우후락(先憂後樂)**은 '고생 끝에 낙이 온다'는 속담과 같은 뜻일까 다른
  뜻일까?

* '달면 삼키고 쓰면 뱉는다'는 속담처럼, 사람들은 대개 고생보다는 낙을
  먼저 즐기려고 하니 **선우후락(先憂後樂)**하기가 어려운 법이다.

* 공부하는 학생들의 **선우후락(先憂後樂)**은 무엇이 되어야 할까?

5. '바를 정' 자를 표시하며 한자 열 번씩 소리 내어 읽으며 외우기

先	憂	後	樂
먼저 선	근심할 우	뒤 후	즐길 락
正正	正正	正正	正正

6. 한자 따라 쓰며 익히기

6획	부수 人, 儿	′ ⺧ ⺧ 生 步 先					
先	先						
먼저 선							
15획	부수 心	一 ⺈ ⺋ 冎 禹 禺 禺 禺 禺 憂 憂 憂 夢 夢 憂					
憂	憂						
근심할 우							
9획	부수 彳	′ ⺊ 彳 彳 彳 彳 後 後 後					
後	後						
뒤 후							
15획	부수 木	′ ⺊ ⺊ ⺊ ⺊ ⺊ ⺊ ⺊ ⺊ 樂 樂 樂 樂 樂 樂 樂					
樂	樂						
즐길 락							

열두째 마당 ④ 　 삼고초려 三顧草廬

1. 한자 뿌리로 해석하기

三 ₁	顧 ₄	草 ₂	廬 ₃	세 번(三)이나 풀과
석 삼	돌아볼 고	풀 초	오두막집 려	볏짚(草)으로 지은 집(廬)을 찾아감(顧)

　　유비가 제갈공명의 집을 세 번이나 찾아가 군사로 초빙한 데서 유래한 말
로, 뛰어난 인재를 예를 다해 맞아들인다는 뜻이다. 또한 임금의 두터운 사
랑을 입다 라는 뜻으로도 쓰인다.

2. 유래

　　후한 말엽, 유비는 관우 장비와 함께 의형제를 맺고 한나라 왕실의 부흥
을 위해 군사를 일으켰다. 그러나 군기를 잡고 전략을 세우고 전군을 통솔
할 군사(軍師)가 없어 늘 조조 군에게 고전을 면치 못하고 있었다. 어느
날 유비가 은사인 사마휘에게 좋은 군사를 추천해 달라고 하자 그는 이렇
게 말했다.

　　"복룡이나 봉추 중 한 사람만 얻으시오."

　　"대체 복룡은 누구고, 봉추는 누구입니까?"

　　그러나 사마휘는 말끝을 흐린 채 대답하지 않았다.

　　그 후에 제갈량의 별명이 복룡이란 것을 안 유비는 즉시 수레에 예물을
싣고 양양 땅에 있는 제갈량의 초가집을 찾아갔다. 그러나 마침 그때 제갈
량은 집에 없었다. 며칠 후 또 찾아갔으나 역시 출타하고 없었다.

　　"전번에 다시 오겠다고 했는데. 이거, 너무 무례하지 않습니까? 듣자니
그자는 아직 나이도 젊다던데……"

그때 같이 갔던 관우와 장비의 불평이 터지고 말았다. 관우와 장비가 극구 만류하는데도 유비는 단념하지 않고 세 번째 방문길에 나섰다. 그 열의에 감동한 제갈량은 마침내 유비의 군사가 되어 적벽대전에서 조조의 100만 대군을 격파하는 등 많은 전공을 세웠다. 그 후 제갈량의 현명한 책략에 따라 유비는 위나라의 조조, 오나라의 손권과 더불어 천하를 삼등분하고 한나라 왕실의 맥을 잇는 촉한을 세워 황제라 칭하였다. 그리고 지략과 식견이 뛰어나고 충성심이 강한 제갈량은 재상이 되었다.

이때 제갈량은 27세, 유비는 47세였다. 유비가 스무 살이나 어린 공명을 성심성의를 다해 맞아들인 이 고사에서 '삼고초려(三顧草廬)', 혹은 '삼고모려(三顧茅廬)'라는 말이 생겼다. 진정 얻고 싶은 인재는 이 정도의 열의를 갖고 찾아야 한다는 교훈을 주는 말이다.

- 『삼국지의 촉지』「제갈량전」

3. 한자 뜯어보기

三 석 삼

나무젓가락 세 개를 가로놓은 것을 본떠서 '셋'을 가리키는 글자이다.

※ 삼복(三伏) : 석 삼(三) 엎드릴 복(伏)으로, 초복 중복 말복을 말한다.
예 우리 식구는 三伏 더위를 이기기 위해 삼계탕을 먹었다.
※ 삼강(三綱) : 석 삼(三) 벼리 강(綱)으로, 세 가지 벼리 곧 군위신강, 부위자강, 부위부강을 말한다.
예 세상이 아무리 바뀌어도 三綱의 도리를 무시할 수는 없다.
※ 삼촌(三寸) : 석 삼(三) 마디 촌(寸)으로, 아버지의 형제.
예 내게는 三寸이 두 분이나 계신다.

顧 돌아볼 고

뜻을 나타내는 머리 혈(頁)과 소리를 나타내는 품살 고(雇)가 합해서 형성된 문자이다. 고(雇)는 문지방(頁) 위로 날아드는 제비로, 옛날에 제비가 날아드는 것을 보고 농사일을 시작했다. 그래서 제비가 다시 돌아오는데서, 사람들이 '돌아보다, 지난날을 생각하다'라는 뜻이 나왔다.

※ 고객(顧客) : 돌아볼 고(顧) 손 객(客)으로, 가게에 자주 오는 손님.
　　예 우리 가게에는 단골 顧客들이 많다.
※ 회고(回顧) : 돌 회(回) 돌아볼 고(顧)로, 옛날을 돌아 봄.
　　예 그는 사진을 보며 학창 시절을 回顧했다.

草 풀 초

뜻을 나타내는 풀 초(艹)가 소리를 나타내는 새벽 조(부 조→초)가 합해서 형성된 문자로, '풀, 식물'을 말한다.

※ 초목(草木) : 풀 초(草)와 나무 목(木)으로, 풀과 나무.
　　예 초여름 산이라 草木이 무성하게 자랐다.
※ 화초(花草) : 꽃 화(花)와 풀 초(草)로, 꽃이 피는 식물.
　　예 우리 집에는 花草를 많이 키운다.

盧 농막집 려

뜻을 나타내는 집 엄(广)과 소리를 나타내는 밥그릇 로(盧 로→려)가 합해서 형성된 문자로, '농막집' 즉 논밭 가운데 임시로 지은 집을 말한다.

※ 여사(廬舍) : 농막집 려(廬) 집 사(舍)로, 농막집.
　　예 시골에 가면 지금도 가끔 廬舍를 볼 수 있다.
※ 초려(草廬) : 풀 초(草) 농막집 려(廬)로, 초가집
　　예 유비가 제갈량의 草廬를 세 번이나 찾아갔다고 한다.

4. 쓰임

* 우리 학교의 무궁한 발전을 위해서라면 **삼고초려(三顧草廬)**를 해서라도 그 선생님을 반드시 모셔 와야만 합니다.

* 유비는 **삼고초려(三顧草廬)**한 끝에 제갈량을 군사로 맞아들이는 데 성공했다. 이러한 정신은 모든 지도자가 마땅히 본받아야 할 것이다.

* 그는 스스로 대표직을 사임한 뒤에 그 자리에 적합하다고 생각되는 사람을 **삼고초려(三顧草廬)** 끝에 모시고 와서 대표로 앉혔다. 그는 정말 회사를 위해 살신성인(殺身成仁)한 사람이라 하겠다.

* 국가지도자는 필요한 인재라면 **삼고초려(三顧草廬)**를 해서라도 모셔와야 한다.

* **삼고초려(三顧草廬)**하는 사람도 대단하지만, **삼고초려(三顧草廬)**할 때까지 거절하는 사람도 대단한 사람이라 할 것이다.

5. 유의어

초려삼고(草廬三顧) : 삼고초려(三顧草廬)와 같은 말

6. '바를 정' 자를 표시하며 한자 열 번씩 소리 내어 읽으며 외우기

三	顧	草	盧
석 삼	돌아볼 고	풀 초	농막집 려
正正	正正	正正	正正

7. 한자 따라 쓰며 익히기

3획	부수 一	一 二 三		
三	三			
석 삼				
21획	부수 頁	＼ ｒ 厂 戸 戸 厓 厓 厓 厓 厓 厓 雇 雇 雇 雇 雇 顧 顧 顧 顧 顧 顧		
顧	顧			
돌아볼 고				
10획	부수 ++	＼ 一 十 土 世 世 世 苩 苩 草		
草	草			
풀 초				
19획	부수 广	＼ 一 广 广 广 广 庐 庐 庐 庐 庐 庐 庐 盧 盧 盧 盧 盧		
盧	盧			
농막집 려				

1. 한자 뿌리로 해석하기

弘 1	益 4	人 2	間 3	널리(弘) 인간(人間) 세상을
넓을 홍	더할 익	사람 인	사이 간	이롭게(益) 함

'널리 인간세계를 이롭게 한다'는 뜻으로, 고조선의 건국이념으로 어질고 착한 임금이 다스리는 태평스러운 세상을 말한다.

2. 도움말

홍익인간이라는 말은 『삼국유사』 고조선조와 『제왕운기』 전조 선기에서 환웅천왕의 건국과정을 전하는 내용 속에 나온다. 『삼국유사』 고조선조에서는 '고기(古記)에 이르기를 옛날에 환인(桓因)의 아들 중에 환웅(桓雄)이 있었는데, 자주 천하에 뜻을 두어 인간 세상을 탐내었다. 아버지 환인이 아들의 뜻을 알고 삼위태백을 내려다보니 홍익인간할 만하여, 천부인 세 개를 주어 내려가 다스리게 하였다. 환웅이 삼천 추장을 이끌고 태백산 꼭대기 신단수 아래로 내려가니 이를 신시(神市)라 하였다'고 전한다.

이에 의하면 홍익인간은 환인이 환웅을 인간 세상에 내려보내면서 제시한 건국이념이라 할 것이다. 『제왕운기』에서는 환인이 환웅에게 삼위태백으로 내려가서 홍익인간 할 수 있는지 그 의지를 물었고, 그런 지시에 응하여 환웅이 지상으로 내려온 것으로 되어 있다.

문헌기록에서는 홍익인간이 천신(天神)인 환인이 인간 세상에 대해 갖고 있던 생각이었던 것으로 되어있지만, 실제적으로는 환웅천왕의 건국에 참여한 모든 구성원들의 소망을 진술한 것이라 보는 것이 타당하다. 특히 고대인들이 국가와 권력 및 통치자들에게 바라던 바를 환인의 이름을 빌어 신화적으로 표명한 것으로 보아야 하기 때문이다. 신화에 의하면 환웅천왕이 지상에 내려와서 신시를 건설하고, 풍백·운사·우사를 거느리고 주곡·주명·주병·주형·주선악 등 인간 세상 360여사를 관장한 것으로 나오는데, 신시에서 환웅천왕이 관장하였다고 한 360여사는 모두 홍익인간이라는 지침을 세상에서 실천한 구체적인 일이었을 것이다

3. 한자 뜯어보기

弘 넓을 홍

활 궁(弓) 자와 팔굽혀 펼 사(厶)가 합해진 글자이다. 활시위(弓)를 당기는 (厶) 모습을 그린 글자로, 화살이 멀리 날아가거나 활시위를 놓는 소리가 컸기에, '넓다, 크다' 라는 뜻을 표현했다.

※ 홍보(弘報) : 넓을 홍(弘) 알릴 보(報)로, 널리 알림.
　　예 모든 회사는 자기 회사의 弘報를 위해서 많은 돈을 쓴다.

益 더할 익

물 수(水)와 그릇 명(皿)이 합해진 글자로, 물이 그릇에 넘치는 모습에서 '넘치다, 더하다'의 뜻이 나왔다.

※ 이익(利益) : 이로울 리(利) 더할 익(益)으로, 이롭고 보탬이 됨.
　　예 상인들은 조금이라도 더 利益을 남기려고 한다.
※ 손익(損益) : 덜 손(損) 더할 익(益)으로, 손실과 이익.
　　예 가게는 항상 물건의 損益 분기점을 계산한다.

人 사람 인

남자 어른의 옆모습을 그린 글자로, '남자, 사람'의 뜻이 된다.

※ 주인(主人) : 주인 주(主) 사람 인(人)으로, 무엇의 주가 되는 사람.
　　예 내가 主人으로 내 인생을 살아가는 사람이 진정한 자유인이다.

※ 인생무상(人生無常) : 사람 인(人) 살 생(生) 없을 무(無) 늘 상(常)으로, 사
람이 살아가는데 늘 같은 것이 없음. 인생의 덧없음.
　예 사람들은 항상 人生無常을 느낀다. 거지가 부자 되고, 부자가 거지가
되기도 한다.

間 사이 간

문 문(門)과 해 일(日)이 합해진 글자이다. 문틈으로 스며드는 햇볕에서,
'사이, 틈'의 뜻이 나왔다.

※ 기간(期間) : 기약할 기(期) 사이 간(間)으로, 기약한 시간과 시간 사이.
　예 그 회사는 공사 期間을 잘 지키기로 유명하다.
※ 중간(中間) : 가운데 중(中) 사이 간(間)으로, 두 사물의 가운데나 사이.
　예 나의 키는 우리 반에서 中間쯤 된다.

4. 쓰임

* 고조선의 건국이념은 **홍익인간(弘益人間)**이다.

* 우리나라는 5천 년을 내려오는 동안 **홍익인간(弘益人間)**의 이념을 잃지
않고 지금까지 간직하고 있다.

* 단군신화에 나타나는 재세이화(在世理化)와 **홍익인간(弘益人間)**이야말로
한국 사상의 가장 기본적인 특질이라고 할 수 있을 것이다.

* '교육은 **홍익인간(弘益人間)**의 이념 아래 모든 국민으로 하여금 인격을
완성하고, 자주적 생활 능력과 공민으로서의 자질을 구유하게 하여, 민
주국가 발전에 봉사하며 인류공영의 이상 실현에 기여하게 함을 목적으
로 한다'고 교육의 근본이념을 천명하였다.

* 우리 젊은이들은 **홍익인간(弘益人間)**의 이념을 세계적인 사상으로 발전
시켜 나가야 할 의무가 있다.

5. '바를 정' 자를 표시하며 한자 열 번씩 소리 내어 읽으며 외우기

弘	益	人	間
넓을 홍	더할 익	사람 인	사이 간
正正	正正	正正	正正

6. 한자 따라 쓰며 익히기

5획	부수 弓	ˀ ˀ 弓 弘 弘		
弘 弘				
넓을 홍				
10획	부수 皿	ˊ ˆ ˘ ˘ 糸 糸 糸 益 益 益		
益 益				
더할 익				
2획	부수 人	ノ 人		
人 人				
사람 인				
12획	부수 門	l ｢ ｢ ｢ ｢ ｢ 門 門 門 門 門 門 間 間 間		
間 間				
사이 간				

설중환 교수와 함께 배우는

한자성어 ②

초판 1쇄 2021년 10월 25일 초판 2쇄 2022년 12월 15일
지은이 설중환
문자도/표지 설중환

펴낸이 이상기
펴낸곳 (주)도서출판알앤비
등록 2018년 8월 22일 제 2019-000048호
주소 서울시 서초구 반포대로 300, 6층
전화 02-599-2148
전자주소 rnbbooks@daum.net

ⓒ 설중환 2021, Printed in Korea.

ISBN 979-11-968123-4-8 04710
ISBN 979-11-968123-0-0 (세트)

값 13,000원